ファミリービジネスは日本を救う

中小企業の運営・承継における
理論と実務

大阪弁護士会・日本公認会計士協会近畿会
ファミリービジネス研究会 著

清文社

発刊にあたって

　新型コロナウイルス感染症やウクライナ戦争など不確実性が増す現代において、日本経済の重要な担い手である中小企業を取り巻く環境は、日々激変しております。このような中、中小企業の大半を占めるファミリービジネスが、世界の荒波に負けずに生き残り、繁栄をつづけ、次世代へ経営をつなぎ、さらに大きく成長・発展していくために、我々士業が為すべきことは何であろうか、このような使命感から、大阪弁護士会と日本公認会計士協会近畿会は「ファミリービジネス研究会」を立ち上げ、共同研究を続けてきました。本書は、その研究成果を取りまとめたものです。

　ファミリービジネスとは、ファミリーによって所有され、ファミリーによって経営されている企業を意味します。本書では、①ファミリービジネスのライフサイクルを時系列で捉え、創業・発展時のガバナンス、次世代への事業承継、引退した経営者の資産管理、ファミリーへの相続といった各ステージにおける課題と解決手法を示したこと、②弁護士と公認会計士という異なる分野の専門家が参集したことを反映し、法的な論点、会計・税務的な論点、経営上の論点などを多角的に検討したこと、③ファミリービジネスの実例を取り上げ、各論点と結びつけて実例と理論の整理を図ったこと等、実務的であるとともに類書にない内容を含んでいます。なお、本書の内容は、あくまでも上記の研究会の研究報告であり、意見にかかる部分については執筆に当たったメンバーの個人的な見解であることをあらかじめお断りしておきます。

　この研究会が始まって3年あまり、その間にも多くのファミリービジネスが事業継続の岐路に立ち、厳しい選択を行う姿を目の当たりにしてまいりました。「ファミリービジネスは日本を救う」との信念のもとに執筆された本書が、企業経営者のみならず、弁護士、公認会計士などの専門士業をはじめ、様々な立場からファミリービジネスに関心を持たれる方々にとって、課題解決の一助になれば、関係者一同これに勝る喜びはありません。

2023年3月

大阪弁護士会
会　長　福田　健次

日本公認会計士協会近畿会
会　長　後藤　紳太郎

巻　頭　言

　我が国の株式会社には、大規模な上場会社とファミリー経営による中小会社（ファミリービジネス）という企業実態を全く異にするものが存在しています。現在の会社法は、本来前者のような大規模会社への適用を予定しており、そこでは所有と経営の分離を前提とした制度設計がなされています。しかし、会社法で議論されるコーポレート・ガバナンスや株主価値最大化などをファミリービジネスにそのまま適用すると、さまざまな点で不都合を生じます。

　そこで、本書ではまず、ファミリービジネスにおけるガバナンスとは何かという高尚な議論からスタートしました。

　次に、ファミリービジネスの事業承継について考えました。非ファミリー企業では、一定の評価基準があり、社員間の競争を経て社長が選ばれますので、比較的短期間に世代交代が行われます。一方、ファミリービジネスでは、創業者一族の「家業」の継続が最も大きな関心事となっています。ファミリービジネスの経営者は、企業を成長させ利益を上げることと同じく、もしくはそれ以上にファミリー内部の人材から後継者を育てて選ぶことが重要な仕事になるのです。そこで、本書では巷間言われるようなM&Aを利用した事業承継には触れず、あくまでファミリー内での世代交代（サクセション）をテーマにしました。同時に、適切な世代交代こそが事業を飛躍的に変革できる大チャンスだという認識を示しました。

　さらに、世代交代が行われると、それまでの経営者は自分の仕事を手放します。すると次の心配事は自らの資産管理です。いつ病に倒れるかもしれないという不安、仕事から離れた孤独、さらに認知症などによる判断能力の低下が始まるかもしれないという恐怖。こういった引退後の経営者に対しては弁護士や会計士等の専門家が「寄り添い」「見守る」ことが必要だと考えます。

　そして、どのような方であってもいつかは死を迎えます。その際にファミリー内部で争いが生じないよう準備をし、相続のお手伝いをするのも専門家の役割です。

　上記のようなファミリービジネスとその経営者のライフサイクルを観察すると、非ファミリー企業とは決定的に異なる特質があり、それが一貫して継続していることがわかります。その例として、たとえば創業者の理念の継承、ファミリー経営を続ける意思、ファミリーとビジネスの相克と調和、経営者の孤独と不安等が挙げら

れるでしょう。専門家との関わり方についても、人的結びつきが強く継続性が強い
ものとなります。本書では、このような観点からファミリービジネスの成長・発展、
専門家の関わり方について法務、税務・会計、マネジメントの知見を総動員して作
成しました。

　そういう意味で、これまでの類書にはない視点を示すことができたと自負してお
ります。

　最後に、本書の刊行にあたり、ご多忙な中、貴重な時間を割いていただきました
ファミリービジネス研究会の委員、多大なご協力をいただきました株式会社清文社
の編集部の皆さまにこの場を借りて心からお礼申し上げます。

　2023年3月

弁護士　上田　憲

CONTENTS

第2章　ファミリービジネスのサクセション（事業承継）

第 3 章　引退した経営者の資産管理

第4章　引退した経営者の相続

第5章　ケーススタディ

（注）本書の内容は、令和5年2月1日現在の法令等に基づいています。

序　章

はじめに

1. 日本の中小企業の歴史と課題〜将来の発展・成長に向けて

　我が国の全企業数の99.7％を占める中小企業は日本経済の発展を支えてきました。中小企業の大半はファミリービジネスという形態を採っています。ファミリービジネスとはファミリーによって所有され、ファミリーによって経営されている企業を意味します。中小企業すなわちファミリービジネスは時代の流れの中で、ファミリーであるが故の良さ、強さを生かし、永続的な経営を目指してきた結果が今ここにあります。その歴史を振り返ってみます。

　第二次世界大戦後、まだ日本全体が貧しかった頃、中小企業に対する基本的な施策の理念と範囲を明示した『中小企業基本法』が制定されました。当時の中小企業は企業規模が小さく、企業数が多すぎたため、「過小過多」と言われ、「一律でかわいそうな存在」として認識されていました。その中小企業で働く労働者は社会的弱者であり、こうした者に対して社会的な施策を講ずるべきとの気運が高まっていました。そこで、中小企業と大企業との間の生産性・賃金などに存在する「諸格差の是正」の解消を図るため、「生産性の向上」と「取引条件の向上」を達成するための政策手段を規定し、具体的な実現を図ることとしたものでした。

　その後、我が国が高度経済成長期を迎えた1960年代半ばには、市場が拡大したことにより賃金が上昇し、大企業と中小企業の賃金格差が改善されていきました。それに伴い、中小企業は設備投資と技術革新を行うことによって、技術水準を向上させ、諸格差は次第に解消されました。

　1970年代から1980年代にかけては、景気拡大、所得水準の上昇やライフスタイルの変化等を背景に消費者ニーズが高度化・多様化し、中小企業の活躍の場が増大しました。さらには、中小企業の中から、差別化された製品・技術開発により、中小企業の規模を超えた中堅企業と呼ばれる企業へと成長する企業も多く出現しました。また、下請けを行っていた中小企業

の中には、専門技術を高める企業、取引先を複数化する企業や大企業に対して技術提案を行う企業、円高による貿易構造の変化に伴い高付加価値化を図る中小企業もあらわれました。

このような発展が進むなか、先の『中小企業基本法』が抜本的に改定されたのが1999年でした。『改正中小企業基本法』では、これまでの「画一的な弱者」という中小企業像が払拭され、中小企業は日本経済のダイナミズムの源泉であり、新市場の創造や技術革新等の担い手として、積極的に成長・発展が期待される活力ある多数と考えられました。

ところが2010年代に入ると、人口減少や少子高齢化による国内需要の減少が顕在化し、一方でアジアをはじめとする新興国に対する国内大企業の海外進出が加速化し、従来の大企業依存型の下請けビジネスモデルは限界を迎えるようになりました。特に2011年の東日本大震災、急激な円高、電力供給不安を背景に中小企業のビジネス戦略や事業体制の見直しが急務となりました。

2013年には『中小企業基本法』が再度改正され、「小規模企業に対する中小企業施策の方針」が作成されました。ここでは従来のような「中小企業は日本の宝」「日本経済を支えてきた中小企業こそが日本経済の強み」等の記述が消え、現在の中小企業に対して、世界に伍して競争に打ち勝つ力が不足しているという見方が支配的になりました。また、中小企業経営者の後継者難からやむなく廃業するケースも目立つようになりました。さらに近時は、我が国の中小企業の生産性の低さが問題として掲げられています。この傾向は2020年の新型コロナウイルス感染症が引き金となってますます顕著になり、中小企業の脆さ、危機への対応力の不足が日々報道されています。さらに近時のデジタル技術の革新、SDGs・脱炭素等への対応、国際情勢や政策の不確実性、確実に減少する将来の人口など経営を取り巻く環境は激変しています。

現在、政府は中小企業の設備投資、IT投資、M&Aの推進等に税・補助金等を利用して支援を進めていますが、中小企業の大半を占めるファミリービジネスの構造的な特質に踏み込んだ施策は十分とは言えません。そのような中で、日本企業の担い手である中小企業が、不安定な環境の中でも生き残り、繁栄を続け、次世代に経営をつなぎ、さらに大きく成長・発展していくために留意すべきポイントは何なのかを考えてみたいと思います。

2．本書の特長

　本書の特長の1点目として、アメリカにおけるファミリービジネスの成果を取り入れて検討したことが挙げられます。アメリカにおけるファミリービジネス研究の歴史は長く、この分野の古典とされるノースウェスタン大学 John. L. Ward 著 "Keeping the Family Business Healthy" は1987年に出版されています。その後、同教授を中心とする The Family Business Consulting Group が1994年に設立され、多くの書籍が刊行されています。そこでこれらの書籍やその他経営に関する文献を参照しつつ、日本の制度に当てはまるように工夫をしました。

　第2点目として、弁護士、公認会計士、税理士といった専門家が経営者に「寄り添い」「見守る」ことにより、企業に成長・発展をもたらすという視点を強調しています。そこで経営者のライフサイクルであるファミリービジネスの発展、世代交代、経営者引退後の財産管理、相続という章立てで執筆し、ライフサイクル全体を貫くファミリービジネスの特質に着目しながら、それぞれの局面で成長につながる要素を検討しました。

　第3点目として、我が国では事業承継とM&Aを結び付けて捉える傾向がありますが、承継とはあくまでファミリーの同一性を保った世代交代と位置付け、「サクセション」と呼ぶことにしました。

第4点目として、ケーススタディの章を設け、具体的な事例と理論の整合性を検討しました。

このような本書の特長が中小企業の経営やそのサポートに携わる皆様の参考になれば幸いです。

3. 参考図書

執筆に当たり参考にした図書は下記のとおり多岐に及びますが、なかでも第1章では John. L. Ward（1987）"Keeping the Family Business Healthy" と Aronoff&Ward（1996）"Family Business Governance" に、第2章では Aronoff, McClure&Ward（1991）"Family Business Succession"、Pontet, Aronoff, Mendoza&Ward（2012）"Siblings and the Family Business"、Aronoff, McClure&Ward（2002）"Family Business Ownership"、Aronoff, McClure &Ward（1993）"Family Business Compensation"、Aronoff&Ward（1997）"Preparing Your Family Business for Strategic Change" に多くを負っていることを付記します。

（ファミリービジネスに関わるもの）
後藤俊夫（2012）『ファミリービジネス　知られざる実力と可能性』白桃書房
ケニョン・ルヴィネ、ウォード編（2007）『ファミリービジネス永続の戦略』ダイヤモンド社（秋葉洋子訳、富樫直記監訳）
武井一喜（2014）『同族経営はなぜ3代で潰れるのか？』クロスメディア・パブリッシング
カーロック、ワード（2015）『ファミリービジネス最良の法則』ファーストプレス（階戸照雄訳）
クレイグ&ムーア（2019）『ファミリービジネス経営論』プレジデント社（東方雅美訳）
ミラー&ブレトン＝ミラー（2005）『同族経営はなぜ強いのか？』ランダムハウス講談社（斉藤裕一訳）
森・濱田松本法律事務所（2019）『変わる事業承継』日本経済新聞出版
階戸照雄、加藤孝治編（2020）『ファミリーガバナンス』中央経済社
小野田鶴編（2019）『星野佳路と考えるファミリービジネスの教科書』日経 BP
日本ファミリービジネスアドバイザー協会編（2021）『ほんとうの事業承継』生産性

出版

『野田醤油株式會社二十年史』（1940）野田醤油株式會社

Aronoff, McClure&Ward（1991）"Family Business Succession" Palgrave Macmillan

Aronoff&Ward（1994）"How to Choose and Use Advisors" Palgrave Macmillan

Aronoff&Ward（1996）"Family Business Governance" Palgrave Macmillan

Aronoff, McClure&Ward（2002）"Family Business Ownership" Palgrave Macmillan

Aronoff&Ward（2007）"From Siblings to Cousins" Palgrave Macmillan

Aronoff, McClure&Ward（1993）"Family Business Compensation" Palgrave Macmillan

Aronoff&Ward（1997）"Preparing Your Family Business for Strategic Change" Palgrave Macmillan

Carlock&Ward（2001）"Strategic Planning for the Family Business" Palgrave Macmillan

Maister, Green&Galford（2021）"The Trusted Advisor 20th. ed" Free Press

Pontet, Aronoff, Mendoza&Ward（2012）"Siblings and the Family Business"Palgrave Macmillan

Ward（1987）"Keeping the Family Business Healthy" Palgrave Macmillan

Ward（2004）"Perpetuating the Family Business" Palgrave Macmillan

Whiteside, Aronoff&Ward（1993）, "How Families Work Together" Palgrave Macmillan

（中小企業に関するもの）

小嶌正稔（2014）『スモールビジネス経営論』同友館

日本中小企業学会（2020）『事業承継と中小企業　日本中小企業学会論集39』同友館

石井淳蔵（1996）『商人家族と市場社会』有斐閣

井上・木村・瀬戸編（2014）『中小企業経営入門』中央経済社

安達・石井・竹安・山下（2018）『理論と実践　中小企業のマネジメント』中央経済社

（その他）

アトゥール・ガワンデ（2016）『死すべき定め』みすず書房（原井宏明訳）

中川政七（2017）『日本の工芸を元気にする！』東洋経済新報社

駒ヶ嶺朋子（2022）『死の医学』集英社インターナショナル新書

長沢・得能・石塚（2022）『究極のブランディング』中央公論新社

『あまから手帖2021年7月号』クリエテ関西

第 1 章

ファミリービジネスの発展とガバナンス

第1　ファミリービジネスの特長

1．ファミリービジネスの構造

　一般的な株式会社は、所有と経営の分離を特色としています。すなわち、企業の大規模化、資本市場の発展に伴い、会社の株式は不特定多数の投資家に分散して保有され、経営は株主から委託を受けた専門の経営者が担うことになります。会社のオーナーは株主であり、株主が選任した取締役がビジネスの意思決定を行います。我が国の会社法は基本的にこのような大規模会社を前提としており、その構成要素は株主と経営者の2つとなります。

　一方、ファミリービジネスは、ファミリー、株主（オーナーシップ）、経営（ビジネス）の3つの要素から構成されており、これらが重なり合い、お互いに作用しあい、依存しあっている構造となっています。このような

8

構造は通常次のようなスリー・サークル・モデルで示されます。一般的な
ビジネスとオーナーシップという 2 つから構成される構造に、新たにファ
ミリーという要素が加わっているのです。このファミリーがビジネスや
オーナーシップに対して大きな影響力を持つことから、ファミリーの利益
を優先するのか、ビジネスを優先するのかといった立場の違いが鮮明にな
ります。会社の命運を左右することさえあるのです。

ファミリービジネス：ファミリー、ビジネス、オーナーシップの相互作用・依存関係

ファミリー
健康、財産、継続性、参加
コミュニティーでの役割、
コミュニケーション教育、
価値観、目標

ビジネス
事業運営、ファイナンス
従業員、サプライヤーと
顧客との関係

オーナーシップ
現金化、資本の割当、
後継者の確保、
戦略の方向性、
経営成績

9

2．大企業のコーポレートガバナンスと中小ファミリー企業のガバナンスの相違

　ガバナンスの意味は、「ある主体が、何らかの目的を達成しようとする他の主体を監視・監督する」というものです。その際、監視・監督される側はする側に対して説明責任を果たすことが求められます。これを会社に当てはめると、株主が取締役（経営者）の業務の執行を監視監督し、経営者は株主に対して情報開示をはじめとする説明責任を負います。この仕組みがコーポレートガバナンスの基本となります。

　ところが、株主≒経営者となるファミリービジネスにこの考え方を当てはめようとすると、自らが自らの行動を監視・監督することとなり、実効性あるガバナンス機能が期待できません。さらに、会社の経営者は「株主利益の最大化」をメルクマールとして行動することが要求されますが、この原理を中小ファミリー企業に持ち込むと「私の利益最大化が経営者としての私の行動原理だ」という受け入れがたい結論が導かれます。

　このように、大会社で議論される「コーポレートガバナンス」をそのまま中小企業に持ち込もうとしても無理が生じます。

　さらに、スリー・サークル・モデルで示されるとおり、ファミリーのメンバーが複数のサークルに割り当てられ、各人が複数の役割を兼ねていることから、ビジネスに対するコーポレートガバナンスとファミリーに対するファミリーガバナンスの双方が必要となります。日本におけるガバナンスの実務的な在り方については本章第1．5（1）において詳述します。

3．ファミリーとビジネスの対立

　ファミリービジネスではオーナーシップとビジネスの他に「ファミリー」という要素が加わります。ファミリーとオーナーシップは概ね重なり合う面が多いのですが、ファミリーとビジネスはしばしば真っ向から対

立します。

　そこでリーダーは、①ビジネスにスポットを当てファミリーの利益を顧慮しないという「ビジネス・ファースト」の立場と、②ファミリーの争いを避けファミリーの和を確保するよう妥協を重ねるべきという「ファミリー・ファースト」との、相対立する選択をする必要に迫られます。この場合にファミリービジネスのリーダーは次のような点に配慮しなければなりません。

　すなわち、ファミリー・ファーストというのは、ファミリーメンバーは、どのような状況であっても、また、たとえその主張がビジネスにとって不利益をもたらすものであっても、自分たちの意見を通す権利があると考えるものです。ファミリーメンバーのアイデアは常に重視され、ビジネスリーダーはファミリーメンバーに報告することを求められます。また、すべてのファミリーメンバーは、彼ら自身が会社で働く権利を持つべきだと考えます。さらに、ビジネスの収益は、ファミリーメンバーの生活向上など個々人の目標達成のために配分されるべきだと主張します。この考え方においては、ビジネスは潜在的なファミリーの争いを避け、ファミリーの和を確保するように妥協しなければならないことになります。

　一方、ビジネス・ファーストというのはビジネスがファミリーの「和」に優先すると考えます。ビジネスリーダーは知識や技術、経験が不足するファミリーメンバーを遠ざけます。優れたビジネス能力がなければ雇用されるべきではありません。また、能力的に劣るメンバーの意見は、不適切でありマネジメントを混乱させるものだと考えます。さらに、ビジネスの利益は事業に再投資して成長を加速すべきと主張します。この考えのもとでは、ファミリーに属するオーナーは自らの利益を第一にするのではなく、ビジネスの結果として受け身の姿勢でリターンを得ることになります。

このような考え方はどちらもある面では正しいものです。しかし、極端に走ると、ビジネス・ファーストの観点はファミリーの関心事を衝突させて、ビジネスの将来を脅かしますし、ファミリー・ファーストはビジネスの競争力をそぐ結果をもたらします。

　結局のところ、ビジネス・ファーストとファミリー・ファーストの間でバランスをとって、ファミリーの満足とビジネスの経済的な健全さを共に維持することが求められます。これがファミリーとビジネスが将来にわたって共存しうる条件となります。そのためには妥協を強いられることもありますが「良い」妥協がファミリーの熱意を生み出すとともに、ビジネスを支えることになります。ファミリービジネスは、ビジネスとファミリーにとって長期間にわたるコミットメントをするとともに、2つの利益のコンフリクトを創造的に解決することを求めるものです（Aronoff & Ward（1996）11頁以下）。

　このように、ファミリー側に妥協を求めることが長期的なビジネス発展には不可欠と考えられます。そのうえで両当事者はビジネスとファミリー双方の利益に対して敬意を抱き、互いに説明責任を果たすようなプロセス、すなわちファミリービジネスにおけるガバナンスを作り上げることが必要となるわけです。つまり、成長するファミリービジネスは創業者（初代）の段階、創業者の複数の子ども（二代目）が経営に携わる段階、さらに三代目以降ビジネスに参加するファミリーの範囲が拡大し多くの親族（たとえば従兄弟）が参加する段階と変化していきます。

4．ファミリーの進化とビジネスの進化

　ファミリービジネスにおいてファミリーとビジネスの間のバランスが大切だと述べましたが、それを更に難しくする要因の一つが、ファミリーとビジネスそれぞれが別々に進化していくという点です。

Aronoff&Ward（1996）は、このような進化を、次のようにまとめています。

図表　ファミリーガバナンスの構造の進化

	ファミリー側の機構	両者の調整機構	ビジネス側の機構
ステージⅠ 創業者段階	核家族内の非公式ファミリー会議	日常的な会話 合同会議	社外の取締役を含むボードの顧問会議（カウンシル）
ステージⅡ 兄弟パートナーシップ段階	ファミリー会議（ファミリーメンバー。配偶者も参加） ファミリーカウンシル タスクフォース	日常的会話 合同会議 統治委員会	過半数の社外ディレクターと選ばれたファミリーから構成されたボード
ステージⅢ 従兄弟連合段階	ファミリー⇒ファミリー会議⇒株主委員会 ファミリーカウンシル	統治委員会	ボード⇒子会社ボード、ジュニアボード

(Aronoff&Ward（1996）76頁)

　ファミリービジネスはオーナー経営者としての役割と執行を担う取締役の役割を兼ねた創業者のもとで開始されます。創業者段階では一人の専制的なオーナーが存在するだけで他の関係者が少ないので、ガバナンスや説明責任は通常あまり問題とはなりません。この段階では創業者がファミリーの中で中心的な役割を担っており、家族関係は創業者やビジネスを中心に構築された人脈にとどまるからです。

　創業者の子ども世代（第二世代）になると、複数の子どもに株式を分け与えるケースが多いことから、「兄弟パートナーシップ段階」と呼ばれています。会社の事業も成功し、規模が拡大していくにつれ、創業者の複数の子どもなどが参加します。さらにメンバーの結婚、出産、就職、引退といったライフサイクルの分岐点においてファミリーメンバーの関係性が変化します。なかでも創業者から次世代に経営が承継される時点で親族間に新たな関係が生まれます。創業世代のオーナー経営者であれば専制的な支

配をすることが許されますが、次世代は子どもたちを始めとする複数の人間が議決権をもって経営に携わることが多く、チーム内の同意を得て意思決定を行う必要があります。このような意思決定方法により、専制体制よりもより創造的な判断が導き出される可能性も出てきますが、一方でコンセンサスが得られず手詰まり状態に陥ることもありえます。意見の食い違いによって一部のメンバーが事業から脱退したり、事業の買戻を余儀なくされるなど、想定外の事象が発生します。これは長年の家族関係を壊すだけでなく、ファミリービジネス自体に致命的な損失を与えることにもなりかねません。こうして創業者の子どもたちがビジネスに入ってリーダーシップの役割を担い始めると、ガバナンスの構造と機能を明確にする必要が生じてくるのです。

　さらにその次の世代（第三世代以降）になると株式は相続等によって分散して従兄弟等多数の親族によって保有され、非就業株主が増加します。ビジネスが発展し専門分化が進んでくると、姻族関係者を含め兄弟以外の親戚からの役員参加や高度な技能を持った役員やファミリー出身ではない取締役の登用が必要になってきます。この段階になるとファミリーメンバーや姻戚の数が増加し、家族関係とビジネスとのつながりが希薄になってきます。こうして創業者と同じ時期にビジネスで苦労を共にしたり、ビジネスの現場に近いところで育ったメンバーが少なくなったり、心理的なオーナーシップである創業者との感情的なつながりが弱まります。このような世代交代が続くと、オーナーシップは多くのオーナー家に分散されます。これらの広範囲の三代目、四代目オーナーたちは従兄弟同士であることが多いので、Ward は「従兄弟連合段階」と名付けています。この段階になると絶対的な権力を持つ者が存在せず、多くのオーナーがいるために全員一致のコンセンサスに基づく緊密な関係を保つことが困難になります。そこで、ある段階から多数決原理という民主的手法が取り入れられま

す。その結果、大胆な決断に対して多数の同意を得ることが難しくなり、無難な決定に落ち着きやすいといったマイナスの側面が現れてきます。このように世代を重ねると創業者時代の旺盛な起業家精神が失われがちだという点も指摘されます。

ケニョン・ルヴィネ＆ウォード（2007）『ファミリービジネス永続の戦略』は、世代交代に伴うオーナーシップを３つの段階に区分し、それぞれの行動パターンの特徴を示します。

会社の発展段階	行動パターンの特徴
創業者段階	・独断的な意思決定 ・独裁体制 ・迅速な意思決定 ・単純明快
兄弟パートナーシップの段階	・コンセンサスに基づく意思決定 ・強力だが不安定な関係 ・多様性 ・コンフリクトが生じるリスクは高い
従兄弟連合の段階	・民主的な意思決定プロセス ・オーナーシップの分散 ・絶対的権力者の不在 ・個人的な関心の喪失

（ケニョン・ルヴィネ＆ウォード（2007）『ファミリービジネス永続の戦略』43頁より筆者作成）

もちろんすべてのファミリーがこのような拡大発展路線を採るわけではありません。たとえば、ファミリーの掲げる経営ビジョンが「小規模で成長よりも安定を求める」スタイルの場合には、企業の運営は家族経営のまま一定の地域で事業を継続し、その地域での競争に留まることになりますが、その場合でも外部環境は変化しそれに応じて経営戦略はシフトしていきます。

5．ファミリーとビジネスの調整

（1）独立した立場の調整役が必要

　このように、ファミリーとビジネスは世代とともに変化します。しかも、ファミリーとビジネスの関心事はそもそも両立しえない場合が多いものです。ファミリーの側ではファミリーメンバーに対する気遣いや思いやりといった「情」の世界が重視されますが、ビジネスの世界は「理」（＝おカネ、利益の最大化）が優先されるので、そもそも相容れない要素から成り立っているからです。

　そのため、ファミリービジネスにおいては、ファミリーを一体化してその価値観、ビジョン、戦略等を共有するとともに、ビジネスにおいてもファミリーの経営戦略等から外れないようにしながら事業として成功するよう導かなければなりません。

　このように、ファミリービジネスは個人事業とも大企業とも異なるガバナンス形態・発展過程を経るため、Ward はファミリーとビジネスの間の調整役として「会社から独立した外部のディレクターが参加するボード」（取締役会）の役割を重視しています。

　しかし、この調整をそのまま日本のファミリービジネスに持ち込むことはできないでしょう。日本ではアメリカと異なり、他社の CEO 経験者が非上場ファミリービジネスの社外役員に就任するという文化がないからです。そこで、社外役員に代わって、当該企業と長い取引がある顧問の専門家、具体的には法律顧問、会計顧問、税務顧問として創業時からビジネスに長く関与し、会社と苦楽を共にしてきた専門家にファミリービジネスの外部アドバイザーとして機能することが期待されます。つまり、このような顧問専門家は、(i)創業家ファミリーから信頼を得てその方針・ビジョン等を熟知しており、同時にファミリー間の人間関係にも精通していること、(ii)他社の成功・失敗事例についての知識が豊富であること、(iii)他社の

取締役経験者は自身の出身母体の業務手法に固執し柔軟な対応ができない
ケースがあること等を勘案すると、外部の顧問専門家がファミリービジネ
スにおける調整役として適切な存在であると考えられます。これは決して
専門家の職域拡大を主張するものではなく、ファミリービジネスを育てる
ためには欠かせない要素であるという考えからきています。

　後藤俊夫（2012）『ファミリービジネス』もファミリー内部の対立関係
を調整し、信頼を構築するための媒介者として外部アドバイザーを挙げて
います。同書には「会計士、税理士、弁護士、コンサルタントなど専門的
知識をもつ第三者は、ファミリーおよびファミリービジネスがかかえる課
題について、客観的に分析・評価するとともに、最も効果的な提案をする
立場にある。経営者だけでなく、多くの関係者を公平に扱うと評価される
ようになれば、媒介者として機能することができるようになる」と書かれ
ています（同書192頁）。

　また、地域金融機関と企業との対話の推進も外部アドバイザー的機能を
期待できる機会をもたらします。現在の金融機関は、従来のように担保・
保証に多くを依拠するのではなく、貸出先企業の事業性評価を行って、そ
れに基づいて融資を行うことが求められています。その際金融機関には顧
客の「経営理念の理解」が欠かせないとされており、「対話」を継続する
ことによって、それぞれの信頼関係を継続することが可能になります（「令
和元事務年度　金融行政方針」82～83頁）。こうした対話により金融機関
には企業の財務情報のみならずファミリーに関わるさまざまな情報が集結
するので、金融機関が企業外部の専門家と協働してファミリービジネスに
対して適切な提案をすることができるのです。

　つまりファミリービジネスにおいては、会社と株主としてのファミリー
メンバーの利益が相反する可能性があるので、調整役が必要とされるので
す。この役目を果たすのが社外役員であったり、外部のアドバイザーで

あったりします。たとえば、ファミリー間では解決できないビジネスへの再投資と株主還元について、客観的知見で説得する役割が期待されるのです。

　また、このような独立した立場のアドバイザーがいることは、後継者が決まらないうちにオーナー執行者が死亡したり執務できなくなったりするような非常時において、配偶者や他のファミリーメンバーにとって信頼しうる助言を提供することが可能になります。さらに、これらの外部者はファミリーが感情的になったり争ったりしたときに、問題解決の方法を示すことや慎重に紛争解決を促すことも期待されます。

（2）それでも創業オーナーの不満は残る

　上記のような施策を提案しても、多くの創業オーナーは自信家で「自分の会社」という意識が強く、外部者の関与に抵抗するものです。ありがちな事例を意見とコメントの形で次のとおりまとめました。

（意見1）仕事のことは私が一番知っているから、他のメンバーに発言の権利を与えるのはよろしくない。

⇒　ファミリーメンバーの意見を聞くことは、リーダーがそのリーダーシップの放棄を意味するものではありません。優れたリーダーはファミリーメンバーの声を注意深く聞き、彼らのアドバイスや関心事に対してオープンであるべきです。そして彼らの意見・アドバイスに対し思慮深く敬意をもって対応する必要があります。また、ファミリー会議等により、リーダーはファミリー間の紛争を事前に防ぐことができます。

（意見2）息子の嫁など（姻戚関係者）のアドバイスは好ましくない干渉を招きかねない。

⇒　この点に関しては、ファミリーメンバーからのアドバイスをすべて採用しなければならないということではありません。リーダーが適時に敬意をもって彼らの話を聞き、建設的な姿勢で答えることによって、これらの潜在的な力を持つファミリーメンバーとの問題を未然に防ぐことができるからです。

（意見 3 ）私個人の会社の事情を家族や部外者に知られたくない。

⇒　ビジネスにおける信頼を保つために、株主は財務状況、将来見通し、戦略の要点を知りそれらを理解することが必要です。株主としてのファミリーの信頼がないと株主の結束を保つことは不可能ですし、ビジネスの将来が弱体化することは避けられません。長期的に考えると、財務データを始めとする会社情報を秘密にし続けるリスクはずっと大きいものとなります。

（意見 4 ）当社の取締役はファミリーメンバーで構成しうまく機能している。どうして新たに社外の者を加える必要があるのか。

⇒　このような体制は初期段階のファミリービジネスにおいては成り立つかもしれません。しかし、ビジネスが発展するにつれ、関与するファミリーメンバーが増えてくると、ビジネスに関与するファミリーメンバーの意見だけではなく、ビジネスに関与しないファミリーメンバーの意見を聞くことが必要になります。また、ビジネスに新しい視点と深度をもたらすために、客観的で経験豊富な社外役員の参画が必要になります。

（意見 5 ）他のファミリーメンバーは私と利害が異なるから、彼らがガバナンス（統治）に関与するとビジネスは政治的な混乱状態に陥る。

⇒　効果的なガバナンス・プロセスを設定しようとすると、一時的に混乱

状態が発生することがあります。しかし、ファミリーメンバーがコンセンサスに達し、スムーズに問題解決する方法を工夫することによって、裏取引や紛争を避けることができます。ファミリービジネスが組織化されたガバナンス体制を構築することによって、リーダーは対症療法的に問題解決をするのではなく、問題を事前に解消することができます。

このように個性が強い創業者は独善的で、他人の関与を嫌う傾向があります。しかし独裁的な体制はいつまでも続けられるものではなく、いつかは次世代に経営権を譲らねばなりません。そのときには経営や組織の在り方も初代のやり方とは変化するのが通例です。したがって、アドバイザーや社外役員は、現時点では創業者の不興を買うかもしれませんが、将来の成長を見据えた体制づくりや経営手法に関するアドバイスを提供するべきです。

第2　ビジネスのガバナンス

1．独立したガバナンス・プロセス

これまで検討してきたように、ファミリービジネスにおいては、その発展とともにファミリーとビジネスとの利益が相反し、その調整役が必要となります。さらに、ビジネスのリーダーはファミリーを尊重し、ファミリーメンバーの理解を得るためにその説明責任を果たさなければなりません。そして、ファミリービジネスをさらに発展させるためには、ビジネスとファミリーについて、別々のガバナンス・プロセスを設けることが最善の方法となります。

この議論は創業世代においては、ビジネスとファミリーが同一人に属することが多いので、あまり問題になりません。実際には二世代目以降の会

社に当てはまると考えられます。

　二世代目以降になると、ファミリーの構成もある程度複雑化してくるので、ファミリー内部のガバナンスのニーズは、組織的なファミリー会議やファミリーの評議会（ファミリーカウンシル）を設けることによってうまく満たすことができます。

　一方、ビジネス側のガバナンスは、社外出身の有能な取締役（ディレクター）を含めた取締役会（ボード）によるのが望ましいと考えられます。これら2つの独立したガバナンスの方法は、健全なファミリーとビジネスを維持するために最も役に立つ試みとなります。

2．取締役会の機能

　ファミリービジネスの業務執行者は、株式市場における外部者からの評価や圧力を受けることがないため、業務執行に対する監視機能を果たす者が存在しません。しかし、取締役会は、一般の株式会社と同様に、ファミリービジネスにおいても業務執行に対する監視および支援の機能を担っています。

　監視機能として、上級経営執行者の雇用、報酬、規律、解雇、経営陣に対するインセンティブ報酬の承認、行動の監視等が挙げられます。経営者の報酬は会社業績に連動する場合が多いので、取締役による監視機能の強化は経営者の戦略選択に対する関与を高め、経営者がある戦略的意思決定を実行する動機となります。

　一方、取締役会のもう一つの機能である経営支援には、経営者に対する助言、コンサルティングの提供、外部環境との接触、地域社会における会社の外部との接し方などが含まれます。

　さらに、ファミリービジネスにおいて取締役会がとりわけ重要な意味を担うのが、ビジネスとファミリーをつなぎ、両者を調整するという特別な

役割です。

　このような特殊な役割を担うため、取締役会はファミリー内部のメンバーに限定することなく、創業家に異議を唱えることも厭わないファミリー外部の者を加えることが望まれます。その理由として、次の2つがあげられるでしょう。

　第一に、ファミリーによって構成される取締役会は、ファミリーが大きくなるにつれて規模が拡大する傾向があることです。

　第二に、特定のファミリーメンバーは、ビジネスに深く関わりそれを完全に理解できる一方、すべてのファミリーメンバーがビジネスの監督を手助けするための十分な能力を持っているわけではないことです。ビジネスの監督を支援できるような知識と能力を持ったファミリーメンバーは、マネージャー的な仕事にとどまらず、ビジネスリーダーとなりうる資質を持つことが多いと思われます。しかしながら、専門性の高い領域に関しては、専門能力があり、客観性を有し、かつ、深い産業知識と知恵を持った外部人材を社外役員として雇い入れることが最も手っ取り早くて有効な方法となります。

　ファミリービジネスにおいて、他社で豊富な経験を経てきた社外役員は、有益な役割を提供することができます。彼らは、ビジネスが直面する特定の戦略的な問題についての知識・経験を持つと同時に、ファミリービジネス特有のセンシティブな関心事にも対応してくれます。彼らは、マネジメントを補佐してビジネスの業績をモニターし、会社の戦略、目標、ポリシーを検証します。彼らが提供する経営判断の事例やリーダーシップのモデル例はファミリーにとって有益な情報になります。

　取締役会の大切な役割として、ビジネスから疎外され不満を持つファミリー株主を生まないことが挙げられます。取締役会はファミリーメンバーに対してオープンな態度を保ち、彼らに情報が入るように支援することに

よって、ファミリーの信任とビジネス上の信頼を得ることができるでしょう。

　また、ビジネスが複数の部門に分かれた場合にも社外役員は有益です。しかし、社外役員の選任にあたっては、特定の部門の利益を代表しないように注意深く選考しなければなりません。彼らはビジネス全体、そのファミリー全員にとっての最善の途を決定することが求められます。一般に、ファミリーメンバーは部門の利益を強調するよりも、取締役会に参加することによって、ファミリー一族の共通の利益の基礎を築くほうが生産的な経営につながります。

　それにもかかわらず、ファミリービジネスのオーナーは、社外役員の役割を過小評価し、その導入に抵抗する傾向があります。社外役員は必要かもしれないが、同時に迷惑なものと考えるオーナーもいまだに存在します。しかし、アメリカにおいてはビジネスを継続的に発展させ永続的なファミリーの支配を実現している多くのファミリービジネスでは、経験を有する外部のディレクターが参加する取締役会を設置し、それをうまく活用していると言われます。

　もっとも、外部から取締役が加わることによってファミリーメンバーの一部が取締役会から切り離されることを、ファミリーメンバーが懸念することも考えられます。そのような場合には、必要な変革についてメンバー間でオープンに意見交換し、その長所を強調することが求められます。つまり社外役員の関与によって、ビジネスとファミリーの双方に新しい価値がもたらされることをファミリーメンバーに理解してもらうのです。また取締役から外れるとしても、ビジネス継続のためにファミリーカウンシル等の重要性を強調すればメンバーの喪失感は緩和されるでしょう。ファミリーメンバーがファミリーカウンシルやその他の組織（たとえばファミリー基金の役員）に加わり影響力を持つことによっても、変化への緊張は

緩和されます。

　社外役員への権限移譲は必ずしも一気に進める必要はありません。５年から10年かけて段階的に独立した社外役員に変えていくことで、変化による緊張を和らげることができるでしょう。もし取締役から外れたファミリーメンバーが、取締役報酬を得られなくなって不満を持つのであれば、会社は他の形態で金銭を支給すればよいのです。

３．アクティブな取締役会

　ビジネスにおけるガバナンスとしての取締役会は、その構成員である取締役の経験や専門知識を利用するとともに、経営の行動を規律するという自主規制とビジネスのリーダーとしての説明責任を果たすもので、ファミリービジネスにとって欠かせない存在となります。

　取締役会が有能であれば、ファミリービジネスは、より速い成長、より訓練されたビジネス運営、より慎重で戦略的な計画策定プロセスを生み出します。アクティブな取締役会が成功にとっての Key となります。

　また、ファミリービジネスでは、戦略の質の向上、目標の設定、ポリシーの検証、後継者の支援、業務執行者の評価など、株主が関心を持つ多くの事項をマネジメントが決めるように設計されます。

　ここでの「アクティブ」の意味は必ずしも明解ではありませんが、要は「モノを言う取締役会」「自分の意見を述べる取締役会」といった概念です。

第3　ファミリーのガバナンス

1．ファミリーの基本行動指針の制定

　これまで、ファミリービジネスにおけるビジネス面でのガバナンスとして取締役会を検討してきましたが、次にファミリーの側面でのガバナンスについてみていきます。

　多くのファミリーは、家訓や家憲といった将来の意思決定や行動を導き出すポリシーを持っています。典型的なファミリーポリシーとしては、自らをどのように規律するか、どのように争いごとを回避するか、困っているファミリーメンバーにどのように応えるかといった内容を含みます。ファミリー内部の問題は、ファミリー会議やファミリーカウンシルで協議され、報告されます。ファミリービジネスが高度に発展してくると、ファミリーの利害対立が複雑化し、その調整を行う取組みが必要になります。

　そこで、ファミリーは、ビジネス運営における代表者のガイドラインを設けるべきです。ファミリーメンバーが取締役会議長やCEOになることはどれほど重要なことなのか、どのレベルのメンバーをどのように選定してビジネスに参画させるのか、これらの事項はファミリー内での思惑が交錯するところです。さらに、次世代のファミリーにはどのような機会が提供されるのか、姻戚関係者のビジネスへの参画を認めるべきか等についてもファミリー内で議論し、コンセンサスを得ることが求められます。ファミリーメンバーはどのような報酬を受けるのか、ファミリーの肩書や権限はどうするのか等、各人の利益に関わる事項はもちろんのこと、ファミリーメンバーが従業員やマネージャーとして失敗した際の処遇についても事前に決定しておくべきでしょう。さらに、オーナーシップの承継方法についてもファミリーは事前に十分に話しあっておくことが望まれます。

さらに、ファミリー会議に参加する資格をどの範囲の者に与えるかも難しい問題です。よくある一つの考え方として、成人でかつ血族のみに会合への参加資格を限定すべきというものがあります。センシティブなファミリーの問題は秘密にすべきだからという理由からです。一方で、10代の若者や姻族関係者も含むあらゆるファミリーメンバーがファミリー会議に出席すべきという考え方もあります。この問題について Ward（1987）は後者のようにファミリーの範囲を広げることを推奨します。その理由として、第一に姻族関係者は配偶者から会合の結果を聞くのだから、どうせ聞くのなら直接知ったほうがよいということ、第二に若者や姻族もファミリー会議に参加することでファミリーの文化に同化しやすくなるということ、第三に彼らからフレッシュな見方を提供し貢献してもらえること、さらに会議の雰囲気がよければ彼らが自発的にビジネスに参加する気になるかもしれないことを掲げています（同書151頁）。

　このように、将来の行動指針としてファミリーポリシーが形成されていきますが、世代を経て兄弟から従兄弟へ、そしてさらに関係が稀薄な親族や外部の者に広がっていくと、創業者世代と同じレベルで創業時の意思にコミットすることが難しくなります。そこで、多くの企業でファミリーに共通する価値観を文書化し、「理念」「ビジョン」「行動規範」といった形で示しています。ファミリーのビジョンは情報を共有する株主の結束の基礎となるものです。ビジョンは力強いメッセージを外部に発信し、ビジネスの将来について明るい見通しを育みます。そして、これが企業文化の基調となり、業務執行者に目的意識を持たせ、従業員を雇い入れたり動機付けを促すものとなります。

2．ファミリー組織

　ファミリーとしての組織には、非公式な会話レベルのものから、より構

造的なファミリーカウンシル、その他の監督グループに至るまで幅広いものがあります。

　ファミリー企業が成長するにつれて、ファミリーの構成員はリーダーになる者とメンバーに留まる者に分化していきます。ファミリーメンバー全員が経営に携わるのではなく選抜されたメンバーが事業に参加して部門長等の役職に従事します。さらに、成長しているファミリーの中には、若年世代メンバーの声を取り入れる仕組を設け、組織の活性化を図ることもあります。たとえば、第三世代、第四世代のファミリーメンバーを特別なタスクフォースのマネージャーにし、一定の権限を与えて経験を積ませているケースが見られます。さらにアメリカにおいては若手ファミリーメンバーによるジュニアボードを設置し、ビジネスが直面している同じ複数の問題を比較検討する例もあります。

　ファミリーの規模やニーズに応じ、取締役会を調整・監督するファミリーカウンシルを設けたり、さまざまな機能を持つ委員会・プロジェクトチームを組織したりすることで、ファミリーの組織化が発展していくことになります。

3．ファミリーへの教育

　ファミリーには、ファミリー組織を構成するメンバーに対して、情報を与え、将来の役割を理解させ、それに備えるよう教育する責任を負っています。ビジネスのオーナーは、ファミリーが築き上げてきたビジネスに対してプライドを持ち、ビジネスパートナーシップに対する称賛とその重圧を後継者となる子どもたちに気付かせることが必要です。多くのファミリーは、次世代を担う子どもたちに対し、意識的にその価値、オーナーであることの権利と責任、スチュワードシップ等を伝授しています。

　ファミリー組織のメンバーは、ファミリー会議を通じてリーダーシッ

プ、紛争解決手法、話し方、教え方、会議運営等のスキルを学習します。このような会議は、若年のメンバーが先達の話を聞くことの大切さを知り、他のメンバーの個人的なスタイル、論理、価値観を理解し、その結論に従う場ともなるものです。

　二代目、三代目と世代を重ねビジネスが成長するにつれて、ファミリーは専門的なマネジメント体制に移行するのが通例です。ファミリー会議は、ファミリー外の業務執行者や社外役員を置くことの重要性、財務報告と予算による統制といった専門性の高い問題をファミリーメンバーに教育する場となります。

　それらの教育を受け、ファミリーメンバーはビジネス上の判断を行う能力を身に付けていきます。ビジネスの遂行にあたっては、事業を成長させ、利益率を上げ、リスクに対応し、報酬を支払う必要があります。そのための企業戦略の基礎として、2つ以上の選択肢があってそれらがトレードオフ状態にある施策について、何をやって、何をやらないかを判断しなければなりません。その判断を行う際に、株主だけでなく、従業員、サプライヤー、消費者、地域コミュニティーといった複数のステークホルダーがいることを理解して判断しなければなりません。自分たちファミリーが最優先のステークホルダーだという考え方は通用しないのです。

4．ファミリーのビジネスポリシー

　もう一つのファミリーの責任は、ビジネスを行っていく上での基本方針を描き出すことです。ビジネスの目標を定め、ガバナンスと配当の原則を決め、ビジネスを行う上での広範な指針を設けることが求められます。しかし、これらについてファミリーのコンセンサスを得ることは非常に大きな課題です。どの程度までのリスクなら許容できるのか、あらゆる可能性の中から企業戦略として何を選択するかが問題となるときには、メンバー

間で利害対立がある中で、社外役員による取締役会の助けを得て検討、調整することも必要になるでしょう。

　同時に、ファミリーは、ファミリーに対するガバナンスの大原則を描かねばなりません。ファミリーの目標を達成するために、ビジネスの役割は何なのか、従業員とオーナーはどのような倫理基準に従うべきか、取締役会メンバーをどのように選任し、どのように構成すべきか、ファミリーの役員と外部役員のバランスはどうあるべきか、取締役会が決めるべき事項はどのようなものか、ビジネスはファミリーの役員の引退と若いファミリーメンバーへの承継をどのように扱うべきか、次世代のファミリーメンバーはいつ取締役会に加わるべきなのか、その際の準備や制約はあるのか、等考慮すべき事項は多岐にわたります。株式の所有構造も非常に重要な考慮事項です。特に事業承継においては、決定的に重要な問題となり、ファミリーオーナーシップポリシーの制定はファミリービジネスの継続性に大きな影響をもたらすことになるでしょう。

5．ファミリーによるアクティブなオーナーシップ

　ビジネスのオーナーは、実際の職務執行を通じてビジネスをマネジメントすることとなります。しかし、ファミリービジネスにおいては、当該ビジネスで働かなくても、「アクティブなオーナーシップ」と呼ばれる立場で会社との関係を強化する例があります。アクティブオーナーとは、ファミリービジネスに利害関係を持ち、すべての問題に関心を有する株主です（逆にパッシブオーナーとは単に配当をもらうだけで意識的な判断を行わない株主のことを指します）。しばしば見られる例としては、フルタイムでビジネスに従事していないにもかかわらず、ファミリーメンバーが取締役会の議長に就任するケースです。任命されたファミリーメンバーは、会社の人の目に触れ、会社に溶け込み、かつ、気付きが生まれやすくなるよ

うに、会社を頻繁に訪ねて見て回ります。彼らは特別なプロジェクトに責任者として取り組むこともあります。これはアクティブで警戒を怠らないオーナーシップの存在を示すものであり、日常的なマネジメントはしなくても、ファミリーの価値観と注意力によってファミリー支配の利益を享受することを可能とするものです。

　我が国でも中堅規模の企業で正式な社長がいるにもかかわらず、オーナーが毎日出社して指示を出したり、オーナーの子どもが企画部門などマネジメントを監督できる部署に入ってにらみを利かせるといった例がしばしば見られます。これは指示命令系統を混乱させることになりかねず、決して好ましいことではありません。ファミリーメンバーは境界を乗り越えてマネジメントに干渉する権限があるということではないのです。とはいうものの、このようにオーナーと（ファミリー出身でない）社長が併存し、ファミリーの存在と関心を通じてオーナーがビジネスに継続的に関与するケースが現実に見られるのは、ファミリー関与に何らかのメリットがあるからだと想定されます。たしかに混乱を招き弊害が生じることもあるでしょうが、オーナーの「顔」「にらみ」に社内の空気を引き締める効果があることも事実です。

6．ファミリーの市民活動、政治活動、慈善活動

　ファミリービジネスに特有な一面として、ファミリーの市民活動、政治活動、慈善活動等の社会貢献活動が行われる傾向があります。ファミリービジネスのオーナーは、メンバーがそれを望むか否かにかかわらず地域コミュニティーにおいて目立つ存在になるものです。多くのファミリーは、ファミリーの知名度を保つことは自分たちにとっても有益だと考えます。その際、ファミリー一体として、市民活動における積極的な役割を果たすこともあります。そうでないときも、この役目を担うファミリーメンバー

に対して、他のファミリーメンバーがバックアップしていたりします。

　政治活動についても同様です。特定の政治活動についてファミリーの合意が存在し、メンバーは全体としてまとまって活動をする場合もあるし、政治活動をするファミリーメンバーに資金を提供してサポートしている場合もあります。また、ファミリーメンバーの一人が選挙に立候補したり特定の候補を後援するときに、他のファミリーメンバーがその政治活動の邪魔をしたり、そのファミリーに対して無関心にならないようにファミリーの合意が必要となります。

　慈善活動については、誰がファミリーによる慈善活動を監督し、どのような原則によってその資金提供を行うか、寄付の規模やタイミングはどうやって決めるべきか、寄付は個人の資金なのか会社の資金なのか、これらはすべてのファミリーメンバーとビジネスの関係に影響を及ぼします。そして、もしそれがうまくいけばファミリーのプライド、結びつき、結束を強めることが可能となります。

７．福利厚生行事

　最後に忘れてはならないのは、福利厚生行事などファミリーメンバーが一緒に楽しむ機会を持つことの意義です。こうして、たとえ苦しい時にあってもファミリーは結びつきを保つことができるのです。もっともシンプルな活動、たとえば毎年恒例のリユニオン、リゾートでのファミリー会議によって、ファミリーはそれが宝物であり財産であることに新たに気付くことができます。このようなイベントでの交流によって関係を強め、ビジネスとファミリーの問題についてより良いコミュニケーションを生みだすことができます。

第4 ファミリービジネスの発展に向けての取組み

1．経営者への寄り添い

　ファミリービジネスにおける経営者は孤独です。一般の非ファミリー企業では、会社の意思決定は合議体である取締役会で決定し、代表取締役が執行するという形をとります。また、特に重要な意思決定に際しては株主総会の議決を経ることが求められます。ところが、小規模なファミリー企業においては、大株主であって代表取締役株主でもある経営者が一人で決定し、一人ですべての責任をとるのが実態です。業務執行者に対して経営者が全責任を背負うという苦悩に苛まれています。

　多くの経営者は自らの会社の運営に情熱を持って取り組んでいますが、どんなに熱い情熱を持っていたとしても、単なる情熱だけでは十分でありません。情熱はそれが仕事への責任と結びつき、この仕事に対する責任性が意思決定の基準となって、経営者としての役割を果たすことができるのです。熱い情熱を持ちつつ、結果に対する責任を痛切に感じて行動することが経営者にとって欠かせない資質なのです。ところが、いくら優秀な経営者であっても現実にたった一人で意思決定をするにあたっては、孤独とともに不安に駆られるのが通常です。

　したがって、外部のアドバイザーである弁護士、税理士、公認会計士など専門的知識をもった第三者が、ファミリーやファミリー企業が抱える課題について客観的に分析・評価して、効果的な提案ができれば経営者にとっては大きな助けになります。とはいえ、外部のアドバイザーが有益なアドバイスをできるようになるためには、前提として経営者との間に信頼関係が成立していることが欠かせません。かかる信頼を得ることは決して容易なことではなく、中長期的に関与してコミュニケーションを深めるこ

とが必要と考えます。

2．金融機関、外部専門家との対話・連携

　ファミリービジネスの成長・発展のためには金融機関から円滑な融資を受けることが不可欠です。金融機関が中小企業に融資をする際には、以前のように担保・保証に過度に依存するのではなく、事業の内容・将来性を見極めて融資をする「事業性評価に基づく融資」が求められます。そこでは企業と金融機関との対話が欠かせません。

　一方、企業と外部専門家との関係においても、経営者やそのファミリーと対話を重ね信頼関係を構築することによって、ビジネス上の意思決定だけでなくファミリーとビジネスの調整を含む問題にまで関与して、ファミリービジネスの発展に寄与することができます。つまり、このような外部の専門家が単に本来業務である「税務申告」「訴訟問題」だけに特化するのではなく、ファミリービジネス独自の観点から専門的なアドバイスをする能力を身に付け、それを発揮することです。

　そのうえで金融機関と外部専門家との関係については、両者が連携することによってそれぞれが把握した企業の情報を共有することが可能となるとともに、事業性評価に基づく融資をより一層円滑に進めることが可能となりますし、事業の発展につながる人脈・アイデアの広がりも期待できます。

　この三者の関係は次の図のように示すことができます。

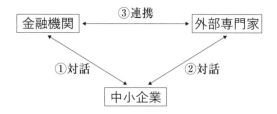

```
①　企業・ファミリーと金融機関との対話
②　企業・ファミリーと外部専門家（弁護士・公認会計士・税理士・コンサルタン
　　ト等）との対話
③　金融機関と外部専門家の連携
```

つまり、①②③の対話・連携を促進し、そのトライアングルが円環的・多面的に広がることによって企業の成長が加速します。

3．後継者問題と世代交代の意義

　企業経営の多くを経営者の経営能力と意欲に依存する我が国の中小ファミリー企業にとって、経営者の高齢化と後継者難は業績悪化や廃業に直結する問題です。我が国では、以前は経営者の子どもが会社経営を引き継ぐケースが一般的でしたが、少子化が進む一方で子どもの職業選択の自由を尊重する考え方が広がり、いったん大企業に勤めた経験のある子ども世代が中小ファミリー企業を好まない風潮等もあって、事業承継に対する経営者の不安が増大しています。

　ファミリービジネスを永続させるという創業者の思いを受け継ぐためにも、また、企業が有する技術やノウハウ、人材等の貴重な経営資源を喪失させないためにも、後継者の確保は早い段階から計画的に準備に取り組むことが求められます。

　その際、「事業を絶やさない」ということにも増して、世代交代はビジネスを変革し発展につなげるためのチャンスだという認識が大切です。

ファミリービジネスにおいて創業者の理念・こだわりが重要なのは当然ですが、そうであっても時代や経営環境の変化とともに変わっていくべき要素が出てきます。ファミリービジネスの意識を改革し、戦略的な変化を推し進めるには「若い世代」の力が欠かせません。世代交代を機に大胆な投資や販路の改革、他社との提携に踏み切ったファミリービジネスの例は数多く見られます。かかる取組みにあたっては、社内の抵抗勢力を封じることに加え、ファミリーメンバー内のさまざまな意見を集約・調整することが必要です。そのためにも外部アドバイザーとファミリーの緊密なコミュニケーションが極めて有益です。

4．高齢経営者の不安の払拭

　経営者は高齢化に伴い、身体能力の衰えとともに判断能力の衰え（たとえば認知症）といったリスクを感じることがあります。経営者は会社の将来に対して不安を覚えるだけでなく、プライベートでも大きな不安（認知症リスク、財産管理、相続管理）を抱えているのが一般的です。その際、経営者のプライベートな不安を払拭し、後顧の憂いなく次世代に経営を任せるためには、民事信託、任意後見、財産管理契約等によって将来の身体の衰え、判断能力の衰えに対処することが求められます。この場面でも外部アドバイザーのアドバイスは欠かせません。外部アドバイザーとしては、会社の顧問と同様に専門的知識をもった第三者が選任され、高齢経営者に寄り添って安心と信頼を提供する役割を担います。このような施策も、経営の世代交代を進め、ファミリービジネスを発展に導くために欠かせないものです。

第5　我が国ファミリービジネスオーナーの将来像

　これまでに見てきたように、アメリカではファミリービジネス経営に外部者の視点を取り入れることの重要性が広く認識されているようです。これに対し、日本ではいまだに小規模な家族経営を続けることを経営の方針とし、新しい風を拒絶する小規模事業者が多く存在しています。また日本では、このような姿に対して一部では「こだわりのある」「一徹な」経営者として称賛する向きがあるのも事実です。

　昨今、日本企業の生産性の低さが大きな問題とされています（時間当たり労働生産性はOECD参加38か国中27位。先進国中最下位）。この原因として、我が国では中小企業の比率が高く、かつ、その中小企業の生産性が大企業に比べ顕著に低いことが挙げられます。かかる生産性の低さは、中小企業の経営者の専門的経営能力の不足や物的資本の脆弱さに起因する面が大きいと言われています。そこで将来は、中小ファミリービジネスにおいても外部者の意見を経営に取り入れ経営の透明性を高めたうえで、経営体制・コンプライアンス整備を行い、強みを持った事業についてはフレキシブルに他社との合併統合等を進めて企業規模を拡大し、設備投資・IT投資、海外進出等を推進することが不可欠です。これは統合相手先にとっても既存事業とのシナジーが発揮されたり、新規開発のための時間を節約できるといったメリットを有します。

　しかし前述のとおり、このような大規模な変革を実現するにはファミリーの合意が欠かせません。また平時においてはなかなか決断に踏み切れないのも事実です。実際、かかる変革が実現するのは世代の承継が行われるときが多いと思われます。そこで、普段から企業と接しファミリーの事情にも精通している地域金融機関や顧問の専門家が、常に成長へのかじ取

りの可能性をアドバイスし、変革を生むインセンティブを喚起し、決断の
後押しをする努力が必要と思われます。

　ファミリービジネスが大半を占める中小企業の生産性が低いままでは、
従業員の賃金も上がらず、日本の成長率も低いままになってしまいます。
現在アメリカでは GAFA が注目されていますが、彼らもそもそもはファ
ミリー系中小企業から成長したものです。同じことが日本でも起こるよ
う、伝統的な閉鎖的ファミリービジネスの経営手法から脱却することが期
待されます。

第2章

ファミリービジネスの
サクセション
(事業承継)

●ファミリービジネスのサクセションではファミリー経営を続けることが肝要
である。M&A により事業を他に売却するのは本来の意味での「承継」では
ない。

●サクセションは長い時間をかけて取り組むべき課題であり、そこではファミ
リーメンバーの協力と合意が欠かせない。

●経営が創業者から次世代に移る際には、複数人の子どもたちがビジネスに参
画することが多い。その場合、兄弟の役職、持株数、報酬、配偶者の処遇等
に十分な配慮が必要である。

●三代目以降になるとファミリーメンバーの平等という考え方は放棄すべき。
三代目以降のファミリービジネスはパブリックカンパニー（上場会社）の組
織形態・行動様式に似たものとなっていく（フォーマル化）。

●ファミリービジネスの成長・発展のためには「戦略的な変化」が欠かせない。
事業承継・世代交代はそのための好機となる。

●ファミリービジネスの成長は一直線に進むものではない。成長・停滞を克服
する経験を経て、より深い洞察力やスピードを身に付けることができる。

第1　サクセション（事業承継）の意義

　ファミリービジネスの目標は、ファミリーの会社がそのファミリーによ
る経営によって何世代も経営され、発展していくことにあります。

　ファミリービジネス研究の古典である Ward(1987)の序文冒頭には「This
Business Shall Last Forever. このモットーはあらゆるファミリービジネス
オーナーの夢である」が、「多くの会社にとってこの夢は消え、売却され

たり閉鎖したり、他社と合併したりして創業ファミリーは消えていく。」
そこで「ファミリービジネスの当事者が夢を維持し実現するためには
Good planning が重要だ」と記されます。つまり「ファミリービジネス創
業者がそのファミリーによる同族経営を続けながら成長するにはどうすれ
ばよいのか」という問いが全体を通じたコンセプトとなっています。

　一方、 我が国で事業承継というと、「親族内承継」、「役員・従業員承継」、
「社外への引継ぎ（M&A等）」の3つの類型に区分するのが通例で、親族
や社内に適当な後継者が見つからないため廃業してしまうケースやM&A
で外部に売却するケースが増えていると言われます。中小企業庁の「事業
承継ガイドライン」でもかなりのページ数をM&Aに割いています。しか
しM&Aによってビジネスを売却するとそのファミリーの支配が失われる
ので、これは継続を意味するサクセションではなく、トレード・セールで
あると考えるべきです。つまり、海外では「ファミリー経営」の存続がSuc-
cession（承継）の目的であり、ファミリー支配が途切れる事態を対象と
しない点が特徴です。

第2　承継を考える際の課題

　事業承継を考える際には次のような点に留意することが必要です。

（1）長期間のプロセスとして考える
　事業承継とはオーナーシップの承継とリーダーシップの承継に分けて考
えることができます。オーナーシップの承継とは、あるオーナー（グルー
プ）から他のオーナーに会社の所有者が移転することです。一方、リーダー
シップの承継は、現任の最高執行者（CEO、オーナー経営者）からその
他の者に経営の執行の権利と責任を委譲することです。オーナーは取締役

会を通じて執行者を任免できるため、法律上はオーナーシップの承継が第一義とも考えられますが、経営的にはリーダーシップが承継されないと会社運営が立ち行かなくなるため、これら両方の承継が欠かせないことになります。

　承継はある一時点で突然起こるように見えますが、この考えは正しくありません。ファミリー企業の経営の観点からは、次世代への承継は長い時間をかけて進んでゆくプロセスと考えるべきです。したがって、承継プロセスのスタートはごく早い段階でスタートする必要があります。創業者が自分の立ち上げた会社を将来の世代にわたってファミリー所有形態であり続けたいと願うのであれば、その決意やファミリービジネスの価値観、ビジョン等を反映したミッションステートメントを用意し、これを受けて創業者の子どもがごく幼い時から承継プロセスをスタートし計画的に進める必要があるとされます。

　この長い期間を通して、ファミリーのメンバーはビジネスからもたらされる金銭的・心理的な価値について話し合うことになるでしょう。こうして先代の価値観やミッションを次世代に引き継いでいくのです。承継プロセスを早期にスタートし、将来を見据えて計画的に準備をすることは、事業を成功させることと同等以上の重要性をもったリーダーの責務と言えるでしょう。

　「創業者が毎日出勤している状態でも後継候補は40歳にもなると承継について考え始めなければならない」（Aronoff, McClure&Ward（1991）"Family Business Succession"）

　承継は親世代だけが考えることではありません。後継者となるべき者もいずれトップに立つための心の準備を早い段階から始めるべきです。

　「承継の準備は揺りかごから始まり、終わることがない。」（ケニョン・ルヴィネ（2007）『ファミリービジネス永続の戦略』）

（2）ファミリーメンバーの協力と合意

　承継はファミリー全体の利害に影響するため、ファミリーメンバーの協力・合意がないと進められません。承継のプロセスは、ファミリーのメンバー各々がビジネスからもたらされる影響についてオープンに話し合い、価値観やミッションについて事前に合意することが欠かせません。

　つまり、「承継」によって組織形態が変わり各メンバーの利害に影響するため、ファミリーメンバーの協力がなければ前に進まないわけです。より具体的には、現経営者が事業承継（親族内の後継者への代替わり）をしようというインセンティブを持つことに加え、それをファミリー内で意見集約することが求められます。その際ファミリーメンバーだけでさまざまな意見をまとめることができない場合には、身近なアドバイザーが代替わりを説得したり、ファミリー内の意見集約のお手伝いをすることがあります。

（3）ビジネス変革の好機

　承継は「ビジネスの構造を抜本的に変え、進化させる好機」と考えるべきです。ファミリービジネスにおいて創業者の理念や価値観を引き継ぎ発展させていくことは非常に重要です。創業者のカリスマ性に惹かれて長く付き従ってきた従業員も多いはずです。しかし、一方で時代や経営環境の変化とともに変わっていくべき要素も出てきます。たとえば、販路を海外に拡大したりインターネットを利用した通信販売を利用する事例がよく見られます。古参の従業員の中にはこのような変化を望まない、あるいは苦々しく思う者もいるかもしれません。そこで、承継を契機に次世代後継者が抜本的な変化をもたらすことが期待されます。守るべきものは守りつつ、世の中の変化に柔軟に対応していくことが大切なのだと思います。

第3　具体的な問題

1．引退する親世代の心構え

　現役の経営者にとって、事業の承継を考える際には心の準備が必要です。たとえば経営者は、若い家族の一員が自らの地位を築き始めるとライバル心を燃やすことがあると思われます。親世代は「自分はもはや必要とされなくなる」と感じるでしょう。また親世代が馴染んできたものと全く異なるシステムを子ども世代が持ち込もうとするのが悩みの種になることもあります。

　経営者はこれまで会社では中心的なリーダーであり続けたから、社内の誰もが彼に従ってついてきたはずです。ところがその子ども世代がアカウンタビリティーを強化したり、チーム体制による経営や外部のディレクターを交えた経営に変えていこうとするのを見て、快く思えないのは当然です。しかし、賢明な経営者であれば、後継者は自分と同じやり方でビジネスを継続することができないということを悟らねばなりません。

　ファミリービジネスの創業者の次の世代は、重要な会社の意思決定を経営陣のコンセンサスで行おうとする場合が多いようです。それは、創業世代を経て2代目、3代目と世代交代するたびに、会社に所属するファミリーは増加し、複雑になっていくので、昔のようなワンマン的なやり方が通用しないことは明らかだからです。

　経営者はいつか必ず引退します。したがって、彼は自らのアイデンティティをビジネス以外のところに移さなければなりません。これはビジネスにすべてを打ち込んできた経営者にとってはつらいことだと思われます。この点に関し Aronoff（1991）は次のような Letting-Go Checklist（引退の心構えチェックリスト）を掲げます。

・親族内で承継する覚悟ができているか。それは自ら理想とするところか。
・自分と配偶者は引退後の金銭面での不安はないか。
・ビジネスの戦略プランはできているか。
・後継者を決めているか。自分が退く時期を定めているか。
・自分と配偶者の今後の財産計画を作成しているか。
・引退後の生活を思い描くことができるか。夢中になれるチャレンジや興味の対象を見つけたか。
・他人が新たなビジネスリスクを引き受けることを許せるか。
・後継者のリーダーシップの在り方や導入した新システムを心地よく思えるか。

(同書　25頁)

2．経営者の引退・リーダーシップ移行の態様

（1）リーダーシップ移行の難しさ

　経営者の交代にはオーナーシップの移動（株式の移動）とリーダーシップの移動という二つの側面があります。オーナーシップの移動については株式譲渡（または贈与）契約を作成してそれを実行すればよいことなのでそれほど問題になる例はありません。ところがリーダーシップとはそれが人々の感情に関わる「事実上の」パワーですから一筋縄ではいきません。

　事業承継は長い期間のプロセスとなるのですが、準備が進んでいれば、リーダーシップの移行自体にそれほど時間のかかるものではないはずです。ところが我が国でもアメリカでも後継者の経営や自身の引退後の生活が気がかりで、なかなか会社との縁が切れない例が多いようです。上場会社ですら、社長を譲ってみたものの思ったような成績が出ないからと言って再登板する例が見られます。

　Aronoff（1991）はリーダーシップの移行の態様を5パターン掲げ、その特徴を記します。承継パターンは各会社固有の事情があるためその良し悪しを論じることは適切ではありません。どれが良いとか悪いとかいったものではありません。いずれの場合でも後継者は自分の置かれた状況を理解してリーダーシップを引き継いでいくよう努力する必要があります。

① きっぱり引退

・ 別れは突然やってくる。歌手の山口百恵さんのイメージ。

・ 後継者は、移行期に起こるさまざまなコンフリクトに関わらないでリーダーシップを獲得することができる。

・ 一方、リーダーシップが唐突に移行せざるをえないので、後継者は重責を担う経験を積むことができず、弱体化しかねない。

② 引退宣言、しかし権力移行は大幅遅れ

・ 後継者のフラストレーションがたまる。

・ 後継者自らが真のリーダーになれず、先代の跡をなぞる期間が長くなる。

・ 創業者が居座って、新しい戦略の実行や新規投資がやりにくい場合がある。

・ 2年も3年も引退興行をする芸能人がいますがそのパターン。「最終公演」で評判になってもいずれ飽きが来る。経営者も周囲から「いつまでやるのか？」という目で見られかねない。

③ 引退・復帰の繰り返し

・ 短い期間ではあるが承継は起こるので、その間後継者は経験を積むことができる。

・ 後継者のやる気が削がれる可能性がある。

・ 従業員は二人のトップに挟まれてコンフリクトの渦中に置かれる。関係者は振り回され、リーダーシップの円滑な移行が阻害される。

・ プロレスラーのテリー・ファンクなど何度引退・復帰を繰り返したのか。引退で話題を呼ぶが、「また復帰」ということですぐに飽きられてしまう。経営者も同じ。

④ 徐々に移行

・ 後継者はゆっくりと経験を重ねることができ、その間にリーダーシッ

プを身に付ける。
・　創業者の責任は徐々に減じていくので、その間に引退後の人生設計を考えることができる。
・　緊張が高まる場面が多くなる。権限は徐々に移行していくので、それまでの責任の在り方と違いが生じることがある。次世代がより多くのリーダーシップを持とうと頑張ると、創業者との間で確執を生じかねない。
・　二人は「大社長」「若社長」などと呼ばれ、徐々に取引先にも受け入れられていく。
⑤　ファミリー外 CEO による中継ぎ（Non-family CEO）
・　次期ファミリーリーダーのスキルが整うまでの間、中継ぎとしての外部 CEO に委ねるのは効果的。
・　ファミリー外 CEO が社内の尊敬を集めることができれば、同族後継者以上に変革をもたらしやすい。
・　必要な能力を備えた人物を見つけるのは至難の業。

（2）引退の相談相手

　どんなに優れた経営者であっても必ず引退の時期はやってきます。経営トップの出処進退のうち、「退」は自らが決めなければならない厳しい判断です。なぜなら、周囲の誰かに相談しても「まだまだお元気なのだから頑張ってください」と言われるのが通常だからです。その結果、上記のようにスムーズな承継に至らず、時間がかかるケースが増えてくるのです。このような場面でも、外部アドバイザーが経営者の良き相談相手となって適切な助言をすることが期待されます。

3．第二世代の経営体制〜兄弟パートナーシップへの移行

　ファミリー企業の創業者世代から第二世代に移行すると、実質的な経営形態は創業者の子どもたちによるパートナーシップ経営になることがあります。つまり創業者は子どもたちに事業を継がせたいという願いを持ち、子どもたちも幼いころから親の背を見て育つので、複数の子どもが成人してから何らかの形でファミリー企業に関わることになるのです。

　実務的にも創業者の次の世代は、重要な会社の意思決定を経営陣のコンセンサスで行おうとするものです。若い第二世代は社内で創業者のようなカリスマ性を発揮できないこと、複数の子どもが会社に入ってくるとその一人がワンマン的な運営をするのが難しいことが原因です。

　このように子どもたちを会社の後継ぎにするのであれば、事業「承継」はある一時点で突然起こるイベントではなく、長い時間をかけて進んでゆくプロセスと考えるべきです。したがって、承継プロセスはできるだけ早い段階でスタートすることが望ましいのです。

4．複数の子どもから後継経営者を選ぶ際の留意点

　一昔前の我が国のファミリービジネスでは、長男が社長を継ぎ、次男は会社に入ってもトップには就かない、女子はそもそも会社に入らず代わりに配偶者が参加するといったケースが一般的でした。しかし、このようなやり方は会社経営の観点からは望ましいものではありません。現在では会社が成長し規模が拡大している場合には、複数の兄弟姉妹が入社し、ともに働く事例が増えています。

　しかし、いずれはその中の誰かがトップに就き、兄弟間で格差が生じるのは避けられないので、きれいごとでは済まない問題が生じます。

　次世代経営者の選定に競争原理を持ち込むべきか否かについては次のような意見があります。

（イ）競争よりも協力を優先

　一つ目は、後継候補となる兄弟は、競争させるよりも協力して会社運営をすることが望ましいというものです。Pontet, Aronoff, Mendoza&Ward (2012) "Siblings and the Family Business" の主張は次のとおりです。

　つまり、親世代は「子どもたちが競い合うことが各人を強くする」と考えることがありますが、これはファミリー企業経営の観点からは正しくありません。会社が発展していくと、極度に集権化したリーダーの在り方はかえって非効率になります。創業者世代には、あらゆる情報が社長に集中し社長自身がすべてを判断するいわば車輪の「ハブ＆スポーク」のような経営手法が成り立ちましたが、かつて輝いたビジョンも見直しが必要となります。つまり第二世代においては、創業者世代にうまくいった手続やスタイルと大きく異なった手法を取り入れなければならないことを認識すべきです。

　そのうえで、両親は子どもたちがパートナー経営者として会社を発展に導くように教育する必要があります。したがって親としては子どもたちがチームとして成功するために必要なスキル、たとえばコミュニケーション能力、コンフリクト解決能力、共同での意思決定をする能力を身に付けさせることが求められます。ですから、一人の子どもに対して「会社は将来お前のものになる」といった言葉を発することはあってはなりません。兄弟がうまく役割分担して共同パートナーシップを築くことが肝要です。

　そして子どもたちが見つけた解に干渉したいという誘惑を排除しなくてはなりません。親が干渉すると、子どもたちが一団となってやり遂げようとする機会を奪うことになりかねません。子どもたちには好きにやらせ、親は誰も傷つかないようにという範囲で関わることを勧めます。

　また、ビジネスに参加しない子どもたちにも適切に情報を伝え、会社とのつながりを保つようにするべきです。

子どもたちは違いがある中で仕事をする習慣を持ち、コンフリクトは危険なものではないということを学ぶべきです。

　子どもたちが30代にもなると会社のためのプランを作る課題を与えますが、それまでに彼らは十分な準備ができているでしょう。

　同書は創業者の秘訣10か条を掲げます（同書34頁）。

1　事業は創業者の子どもの兄弟の共同経営に移行することが多い。だから一人の子どもだけに「この事業は将来お前のものになる」などと言ってはならない。
2　子どもたちが若いうちから、他人の話を聞くこと、コミュニケーションすること、コンフリクトを解消すること、ともに働くことの大切さを教える。
3　創業者世代の仕事のやり方は子ども世代には適応しないと認識すべき。子どもたちは会社を再創業すると理解すべき。
4　兄弟パートナーシップを支える方針や手続きを事前に整えておくべき。
5　子どもたちが真剣に結婚を考えるときには結婚前契約のコンセプトを教えるべき。
6　子どもたちの配偶者（姻族関係者）を歓迎しビジネスに関して教育するべき。
7　兄弟チームを一つのユニットとして扱うべき。彼らを分断したり競わせてはいけない。
8　兄弟の中にリーダーシップが生まれるようにするべき。兄弟世代においては一人のリーダーではなく、異なったスタイルのリーダーが求められる。
9　焦ってはいけない。事態がうまくいかなくても決して干渉してはならない。
10　日々経営に携わる毎日をやめたときに、どのように自分の時間を過ごし、どこにエネルギーを向けるか計画し、それを実行すべき。

（ロ）競争によって会社は強くなる

　二つ目の考え方は兄弟を競争させることにより緊張関係が生まれ、トップを目指して懸命に働くため会社によいパフォーマンスをもたらすというものです。Ward（1987）によると、親世代のオーナーは兄弟のライバル心をポジティブな方向に機能するよう努めるべきであり、その手法としては①給与・昇進のルールを活用すること、②兄弟を会社内の異なった役職に就けること、③兄弟の行動を規制する行動規範コードを策定することが挙げられます。

① 給与と昇進ルールの活用

　給与と昇進のルールには大別すると2つのアプローチがあります。

　第一は、給与はその人の成果と役職に基づいて決められるというものです。兄弟の一人はいずれは代表者の地位に就くことになるので、給与の額は各人が職務の成果を上げるべく機能します。しかしその反面で、ファミリー間のコンフリクトを招くこともありえます。このアプローチはビジネス・ファーストの考え方に基づきます。

　第二は、ファミリー・ファーストの考え方に基づくものです。ここでは対立リスクの回避が前面に出てきます。ビジネス上の成果よりもファミリー間の和が優先されます。兄弟全員の収入は等しく、難しい経営判断は全員のコンセンサスによって決められます。ここでは「社長と部下」というよりも、実際には兄弟によるチームです。彼らの目指すところは、ビジネスの最終決断をすることよりも、コンセンサスを得ることに主眼が置かれます。

　一般論として、このような手法の選択はビジネスの規模と発展の段階の違いにも影響されますが、「競争によって会社は強くなる」という考え方の下では、兄弟間においてもビジネス・ファーストの考え方が取られることとなるでしょう。

　この考え方に拠るならば、金銭的にも豊かになった第三世代、第四世代においてはより一層、ビジネス・ファーストの考え方が進められます。この段階の企業は地位とスキルを基礎としたヒエラルキー組織が必要となり、そこでは成果主義に基づく評価を給与や昇進に反映させることによって、よい結果がもたらされます。なお、この世代では株式保有が分散し、また、各人の担当業務が高度に専門化しているため、ファミリーメンバー間での意見の不一致が生じることはまずありません。

　もっとも、このようなビジネス・ファーストの考え方の下でも、オーナーは給与水準をファミリーメンバーに公開するべきです。そうすることによって、たとえば贅沢な生活をしているといった誤解に基づく嫉妬の可

能性が低減されます。

② 異なった役職への就任

　兄弟の一方が社長になるまでは、お互いの間で報告等をすることなく特別なプロジェクトや一つの部門を任されることがあります。こうすることによって、一人が高い役職に就いたときの他のメンバーのショックを和らげることができます。このような「ニッチ化」はいずれはその事業のスピンオフにつながるものです。

　現実には長男の二代目社長が営業と会社全体を統括し、次男が財務経理を担当し、三男が技術開発部門を担うといった例が見られ、そこからスピンオフした技術の一部が将来イノベーションをもたらすこともあるのです。

③ 行動様式の規範化

　これは、兄弟がビジネスのためになるよう行動することに同意するといった内容を文書化することです。

　このように親世代は兄弟間のライバル心をうまく利用して会社を強くすることができるというのです。

（ハ）協力か競争か～世代による扱いの違い

　兄弟の和を大切にする（イ）と競争心を持たせる（ロ）は一見矛盾するように見えますが、その違いは主として会社の発展段階によるものと考えられます。つまり、第二世代は協力し合うパートナーとして、第三世代以降は会社のフォーマル化に伴い実力主義に移行していきます。

　しかしながら実際には、複数の候補者がいる中でCEOが一人を選ばなければならない場合には、上記のようなきれいごとでは済まず、ファミリー間の争いに発展しかねない重大な問題が起こります。したがって創業者世代は早い段階から後継体制の準備をし、兄弟間で十分に調整を行うことが肝要です。

（二）新リーダー選定時の不安定要素

　一般に、人は自らの環境の変化を嫌います。ビジネスにおいても多くの従業員・取引先は、創業者がビジネスから離れることによって、何がどのように変化するのかと不安になるものです。形の上で第二世代がリーダー経営者の地位に就いても、彼に対する信頼が構築され、そのスキルが実際にビジネスの中で示されるまでは、事業の所有・運営に疑問・不安を持つ多くのステークホルダーと共存していく覚悟が求められます。

5. 兄弟パートナーシップ期（第二世代）における株式持分
（1）株式の分散か集中か

　我が国では従来「経営を担う者に株式を集中すべき」と説かれてきました。しかし実際に複数の後継者候補がいて会社規模が大きくなってくると、一人だけに権力を集中させるわけにもいきません。実務的には創業者が次世代に事業を承継する際に、自らのオーナーシップを子どもの一人に渡す場合と何人かの子どもに分散して分け与える場合が考えられます。

（イ）株式を一人に集中する場合

　この方法のメリットは、後継者は会社の戦略的な意思決定にあたって他の兄弟との意見の調整をすることなく一人で判断することができるので、迅速かつ簡素にコトを進められることです。新しく主導権を獲得した後継者が有能で、株式を持たない他の兄弟が不満を覚えることなく会社経営を続けることができれば、株式をめぐる問題は生じないはずです。しかしながら、極度に集権化したリーダーの在り方は、会社が発展し大規模化・複雑化していくとかえって非効率になってしまいます。つまり創業時代に見られた車輪の「ハブ＆スポーク」のような経営スタイルは、第二世代では強力な意思決定やその判断を支えるスキルや経験を伴わないことが多いので、うまく機能しないことがあるのです。創業者は会社を創設した者であ

りオーナーでもあり、信頼と権威を持つとともに、ファミリーのトップとしての精神的な権威でもあったわけですが、第二世代の後継者はこのような権威・カリスマ性を持ちません。このことも後継者のスタイルに影響します。そこでオーナーシップを一人の子どもだけに譲る手法は、会社が拡大を志向せず、現状維持を主眼にする場合には妥当なものとなります。

(ロ) 株式を分散する場合

　オーナーシップを複数人の子どもに与える場合、これらの兄弟のうち誰が実際に会社経営に携わるかがポイントになります。株式を分け合った兄弟が共同で会社経営に当たる際に、ファミリーメンバーが協力的で、かつ、互いに補い合うような役割と知性があれば、会社は理想的な発展経路をたどるでしょう。しかしこのような条件を満たさない場合、不満を持つ株主が経営を引っ掻き回して経営陣の意思決定が滞ることもありえます。また、株式を取得した兄弟の中に、ビジネスに関わらない受け身のオーナーが生まれると、彼らはオーナーシップが自らに経済的利益をもたらすことにのみ関心を抱くことになりかねません。

　Aronoff, McClure&Ward（2002）"Family Business Ownership" はこのあたりの事情を次のように説明しています。株主の中には「自分たちは金銭的なリターンをもらうことが主たる関心事」という人がいます。その一方で、「私たちはレガシーを持っている。私たちは個人的なコネクションを有している。私たちには責任がある。」と考える人もいます。

　会社に対する思いはさまざまですが、ファミリービジネスの継続的な成功のためには、オーナー、マネージャー、執行者を含めたアクティブなチームワークが必要です。経営に携わるオーナーはリスク資産を持つという意味では投資家なのですが、アクティブでない一株主と同じではありません。オーナーが自らを単なる「投資家」だと考え金銭リターンにしか興味を持たなくなると、ビジネス・ファミリーは分断され確執が生じます。

Aronoff は、以下のように株式を返上させ、対価を払って株式を買い上げることも必要だと主張します。

「オーナーグループの中には金銭リターンにしか興味がなくビジネスを前に進める他のファクター、つまりファミリーの文化、ビジネスとファミリーの戦略、地域コミュニティーへの貢献などに関心がない者も現れる。これが事実ならば、事業にコミットするオーナーは、そうでないオーナーを退出させることができるようにするべきだ。」

しかし、実際にはこのようなスクィーズアウトは困難を極め、買い上げ価格をめぐって訴訟に発展することもしばしばです。

なお、近年我が国では少数株主が買取を求めて争いを起こす場合、裁判所が原告被告の主張の中間値で和解勧告したり判決を出す例が多いことを悪用して、当初から法外に高い価格を要求し、多数側は結果として相場より相当高値で株式を買わざるを得なくなるという事例がしばしば見られるので注意が必要です。

（2）親の気持ちとビジネス発展の調和

親である創業者にとって、子どもにどのように資産、特に株式を渡すかは難しい問題です。複数の子どもがいてもファミリービジネスのオーナーとしてふさわしくない者もいるでしょうし、子ども自身それを望まなかったり、新しいリーダーとそりが合わないこともあるからです。

しかしファミリービジネスの株式以外の資産が乏しいときには、ファミリーが相続できる資産は限られてしまい、結果的にビジネスに関心を持たない株主を生み出すことになってしまいます。また、多くの場合、親は子どもの相続財産が等しくなるようにしようとするものです。こうした葛藤を解決するために、無議決権株式を利用して経営への参画を、資質のある人間だけに限る方法もしばしば提案されます。しかしこのような場合「経

営に参加できない株式を持っていても仕方ないから株式を買い取ってほしい」といった主張をされ、トラブルになりがちです。信託を活用して議決権を制限する方法も提案されますが、必ずしも一般的ではありません。このようなオプションが普及しない原因は、親側の気持ちの問題でもあるようです。ケニョン・ルヴィネ（2007）『ファミリービジネス永続の戦略』は親側の事情を次のように説明します。

「まず、ファミリーは公平であることに非常に敏感で、同じ年代が平等に扱われないと大きな不満を抱く。たとえば兄弟は両親から受け取るものが少しでも違うとそのことを指摘し、不公平だと主張する。残念なことに、親は普通そうした主張を受け入れ、ファミリーは比較対象となるものは何でも等しく分けなければ不平等、不公平ということになる。小さなことでも平等に扱うのがファミリーの公平さの基準となると、財産も等分に分けなければファミリーの原則に反することになる。

　二番目の理由は、親は子どもが不平等な扱いに怒ったり憤ったりするのを見て苦しみたくないということだ。相続についても、親が楽な道を選んだために、次の世代が混乱し争うことになることもある。親は子どもよりも会社のオーナーシップを決めるのにふさわしい立場にある。親は、最低限、株式の売買協定や評価方針などのオーナー協定を定めて、子どもたちがこうした問題に苦しまなくてもよいようにできるはずだ。しかし、騒ぎを起こすことを好まなかったり、専門家の意見が適切でなかったり、計画することが苦手だったりして、ほとんどの親は、のちのち子どもたちが複雑なオーナーシップの問題に苦しまないですむような仕組みや協定を作るチャンスを逃してしまうのだ。」（同書172〜173頁）

（3）個人保証とオーナーシップ

　株式の持分とも密接な関係があるのですが、我が国の金融慣行に、借入時の経営者個人保証があります。個人保証は、融資にあたって、貸出先の経営規律の保持や債務返済の確実性など金融機関の信用補完の観点から、長年にわたり中小企業向け融資の慣行となってきたものです。

　しかし保証を強いられる借入側からすると、個人保証は個人が起業する意欲をそぐ、事業承継にあたり後継者が二の足を踏み、株式の承継がスムーズに進まない等の弊害も指摘されてきました。企業経営が行き詰まったときに、会社資金で返済できなければ経営者は個人で返済することが求められ、個人破産に追い込まれるケースもあるからです。

　このことから「個人保証は外すべき」という理念は従来から各方面より唱えられてきましたが、金融機関と中小企業の取引は個別性が強いために議論がなかなか進みませんでした。

　事業承継に関しては先代と承継者から二重に保証を徴求することすらありました。このような新旧経営者の双方からの二重保証は金融庁の「経営者保証に関するガイドライン特則」によって禁じられましたが、個人保証そのものは現時点ではなくなりそうもありません。

　もっとも、近年金融庁は金融機関に対し、担保や保証に過度に依存することなく、企業の事業内容や将来性を見極めて取引することを求めており、ファミリービジネスにおいても将来発展していく過程の中で個人保証を外す交渉をすることが期待されます。

　このように評判の良くない個人保証の慣行ですが、そこに積極的な意義を見出す議論も一部には見られます。すなわち、個人保証を引き継いだ後継者は、個人の全資産を担保として事業に提供したも同然なので、強い責任感が生まれます。また、後継者が個人保証をすると、取引金融機関にも認められた存在として、会社を代表していることが明らかになります。こ

の事実は、たとえ兄弟であっても個人保証をしなかった者よりも優越的な立場にあることが示され、以後新リーダーとして自立した経営を行うことが可能になるという主張です。たしかにこのような側面があるのは事実ですが、近年の金融機関の融資方針の流れに逆行するものであることから、従来の慣習を踏襲するという理由だけで保証を求めるケースは減ってくると思われます。

(注) 金融庁は2022年11月に「中小・地域金融機関向け総合指針」等の改正方針を公表し、個人保証を実質的に制限する動きをスタートさせました。これが実現すると長年にわたる議論がようやく解決に向かうことになりそうです。ただしそのための要件としては①会社と個人の関係が明確に区分・分離されている、②財務基盤が強固、③適時適切な財務状況の開示等が検討されています。しかしながら中小規模のファミリービジネスでは①②が不十分なことも多く、③についても新たなコスト負担が生じるくらいなら保証の方がましだという声もあり、今後の動向が注目されます。

（4）会社持分の在り方と将来の姿

　持分問題は会社の将来の姿とも密接に関連します。一部繰り返しになりますが、留意すべき点として、次のような事由が挙げられます。

・　会社が第二世代に入って拡大・発展することを志向するのであれば、兄弟パートナーシップ体制が好ましい。

・　しかし適切なパートナーが得られなかったり、株式を譲り受けた兄弟等の中に経営に無関心で金銭面にのみ関心を持つ者がいる場合には、これらの者を排除する方策を考えなければならない。

・　会社が拡大・発展志向でなく現状維持を望むのであれば、後継者に全株式を譲る。

・　会社が拡大発展していくためには経営のプロフェッショナル化が必要となり、同時に組織も会社のフォーマルな姿（多数株主による所有を経営の専門家による経営）に移行する。

・　金融機関に対して個人保証をした後継者は、心理的に強いオーナー

シップと責任感を持つことになる。

　結局、事業承継において次世代に渡す株式をどのようにするかという問題は、将来に向けた事業戦略に関連するものだと考えます。そしてその選択はファミリーの価値観・ビジョンに従うということです。

　この点に関して、再びケニョン・ルヴィネの書籍から引用します。

　「オーナーシップを承継しようとするファミリーが最初に検討すべきなのは、何が最も優先順位が高いか、ということだ。積極的にビジネスを拡大することか、ファミリーオーナーシップによる管理とリーダーシップを維持することか、ファミリーの調和を保つことか、それともファミリーの富を拡大することか？　ファミリーは優先順位を定め、その選択には結果が伴うことを自覚しなければならない。そしてその選択は、ファミリーの共有化された価値観とビジョンに基づくものでなければならない。」（同書173〜174頁）

　ファミリービジネスのオーナーは長く苦しい仕事に携わる覚悟が必要です。彼らはファミリーとビジネスの関係性を導き育て、自ら多大な犠牲を払い、双方に厳しい決断を下さねばなりません。狭い自己の利益を超えて目配りをする立場に置かれているのです。

6．兄弟パートナーシップ期（第二世代）における報酬問題

（1）企業の成長段階に応じた報酬の在り方

　非上場のファミリービジネスにおける報酬体系はどのように考えるべきでしょうか。この問題についても基本的にビジネス・ファーストとファミリー・ファーストの対立・相克と考えられます。

　報酬についてビジネス・ファーストの考えに立つと、成果を上げた者を代表者にするとともに、多くの報酬を支給することになります。

　一方、ファミリー・ファーストの考え方では、ファミリー間のコンフリ

クトを避けるため、兄弟のコンセンサスによって意思決定を行い、兄弟の報酬も等しくすべきという考え方につながります。

この使い分けについて、Ward（1987）は前述のとおり、創業初期や関係する兄弟が少ない時期（第一世代、第二世代）にはファミリー・ファーストに立って事業に参画する複数の兄弟の和を尊んで基本的に平等にするのに対し、事業が発展し拡大した第三世代以降は市場価値に見合った成果主義がふさわしいということを主張しています。

（2）企業の文化による違い

報酬の在り方は企業ビジネスの性質によっても異なります。Aronoff, McClure&Ward（1993）"Family Business Compensation" は企業文化が報酬の在り方に影響すると主張します。パターンとして次の3つが考えられます。

第一は、企業は常に競争的でなければならず、利益の最大化をめざし、給与水準は比較的低水準でよいとするものです。

第二は、従業員を第一とするもので、従業員の機会・環境を最善にすべきだというものです。

第三は、お客様第一とするもので、低価格、高品質で顧客を惹きつけることによってビジネスは成長するので報酬は比較的低めに設定するというものです。

多くのビジネスオーナーはある程度これらのプライオリティに同意するでしょう。そして通常はその一つが強調されるものだとするのです。

そのうえで、ビジネスに参加するファミリーメンバー、参加しないメンバーすべてに対して報酬決定の手法と合理性を理解してもらうことが必要です。たとえば結婚等によって新しいメンバーが事業に参加したときに、今現在存在している給与問題をそのままにするのか、変更するのか。これ

ら新参者との間で公平な報酬とするためには、何がフェアであり、どうやってそのフェアネスが達成されるかについて共通理解を持つことが求められます。

その方法については企業のカルチャー（文化）が大きく影響します。たとえば創業者的文化。創業者世代では報酬は税負担の軽減を目的とし、ビジネスのすべてに創業者のコントロールを及ぼすことになります。

次に、温情主義。言い換えるとファミリー・ファーストの文化。ここではビジネスリーダーの判断はファミリーのニーズに合致することによって導かれるとされます。

さらに官僚的文化。これは給与が機械的な計算式で決定され誰の判断も介在しない点が特徴で、創業者的文化とは正反対のものです。この他に株主の価値を保護することが第一とする文化を持つ会社もあります。

このように報酬を決める企業の文化はさまざまに異なります。しかし、報酬や組織制度は働く人の「やる気」を引き出すものであることが重要です。働く人が十分に納得したうえで働けるようにすることがビジネス発展の要諦です。近年、職能給、職務給（ジョブ給）、成果給など数多くの報酬理論が唱えられますが、単純にどれがよいかを決めることはできません。何よりも大切なのは Aronoff が強調するように、明確な戦略的目標、組織文化を追求して報酬制度を設計すべきだということです。

（3）基本給と賞与の違い

基本給、ボーナスの意義付けは、前者が生活のための給与、後者が事業成果による報酬もしくは将来に向けてのインセンティブと考えられます。ファミリービジネスにおいては、基本給はファミリーの報酬が社外におけるその者の市場価値と釣り合っているかを確認するというのが一つの考えです。そのためにはジョブ・ディスクリプション（職務記述書）を作成し、

より高い付加価値があればより多く報いられるとするものです。このジョブ・ディスクリプションの内容を評価してビジネスへの貢献度合いを決定する作業が「ジョブ評価」と呼ばれます。

　一方、インセンティブプランについてはさまざまなシステムが設計されます。

　一般に、ビジネスが成長するにつれて、ボーナスはビジネスの成績や個人の貢献に報いるために支給されます。しかしながら、短期的な事業成績と報酬の関連が密接すぎるとビジネスにリスクが生じます。Aronoff によると「熟す前に落ちてしまう果物（undeserved windfalls）」（有望な従業員を失ってしまうこと）をもたらすのです。将来の利益に向けてコツコツ努力を積み重ねている従業員の意欲をそぐことがあってはなりません。

　このようにインセンティブの設計に当たっては、短期インセンティブ vs 長期インセンティブ、個人の働き vs チームとしての働き（前者を強調しすぎるとチームメンバーの志気を下げることになりかねません）、株主価値の重要性など多くの考慮事由があると認識することが重要です。

（4）報酬は企業戦略の表れ

　上記のように、ファミリー企業であっても報酬問題はケースバイケースで、唯一の正しい解決はないということがわかります。しかし報酬は明確な戦略的目標を持って、一方で、組織文化を守るように設計することが大切です。

　したがって、報酬問題は会社の経営問題だと突き放すのではなく、アドバイザーたる専門家がその大切さ、難しさを十分に認識したうえで、ファミリーに向き合う姿勢が大切だと考えます。

7．第三世代以降の株式・報酬の在り方

　第三世代以降、事業が成長し多角化が進む段階は、会社としての「フォーマル化」の過程と捉えることができます。その過程では次のようにさまざまな軋轢が生じます。

（1）ファミリーメンバーの増加と多数決原理による運営

　ファミリービジネスが世代を経て、参画するファミリーメンバーが増加すると、必然的に各人の持株割合は小さくなります。そこでは全員のコンセンサスによる意思決定は難しくなり、会社法が予定したとおりの多数決原理が採用されます。その結果、ファミリービジネスならではの思い切った戦略が打ち出しにくくなり、「無難な」経営に陥るリスクが生まれます。

（2）事業の多角化と持株会社化

　事業の多角化とともに持株会社に移行する例がよく見られます。多くの持株会社は、成熟し成長が望めない分野から撤退し、長期的に潜在力のある分野への資本投入を選択します。こうして持株会社においては資本配分が戦略の中心になってきます。ファミリーの規模が大きくなるにつれ、投資家としての視点が強まるのです。しかしリターンのみに関心を持つオーナーが増えると、アクティブなチームワークが失われるというジレンマに陥りかねません。

　さらに、多角化にあたり特定の直系血族が1つの分野を独占し、その結果「本家筋の事業」「分家筋の事業」に分断されて、ファミリービジネスならではの機動的な協働が難しくなる例も見られます。

　このような大企業化に伴う非効率を生じないよう、常にファミリービジネスの原点に立ち返ることが必要です。

（3）報酬・処遇の在り方の変化

　一方、報酬や処遇についてはファミリー・ファーストの色彩が薄まり、ビジネス・ファーストの原則に近づくのが通例です。それは客観的な成果に基づく分配であったり、「世間並み」を基本とした分配であったりとさまざまです。いずれにせよ第三世代以降では第二世代のような「平等性」を維持することはできなくなります。その中でどのようにインセンティブを与え、メンバーの「やる気」を引き出すかが経営の課題になってきます。

　Aronoff&Ward（2007）は Sibling Partnership（第二世代）と Cousin Collaboration（第三世代）と呼び、その違いを次のようにまとめています。

Sibling Partnership（第二世代）	Cousin Collaboration（第三世代以降）
両親を同じくし、同じ家族として成長。	親が異なり、異なった環境で成長。
共通の人生経験。	異なった人生経験。
ライバル心を持ちがち。	ライバル心が乏しい。
お互いを頼りにする。	相互間の責任感が少ない。
多くのファミリーメンバーが当然のように事業に雇用される。	事業に雇用されるファミリーの割合が小さい。ファミリーメンバーの雇用は制限される。
トップリーダーにはファミリーメンバーが就任。	ファミリー外の役員が主要ポストに就任。
取締役会の多くはファミリーメンバー。	社外出身の役員が増加。
兄弟の報酬・処遇は平等。	報酬は市場水準か能力主義。平等な処遇は不可。
株式は兄弟が平等に保有することが多い。	相続する株式の数はバラバラ。

(Aronoff&Ward（2007）"From Siblings to Cousins" 9〜10頁一部改変)

　ここでメンバーの結びつき方を Partnership から Collaboration に言い換えている点に注目すべきです。同書の説明によると、コラボレーションの意味はそれが自発的なものであるとのことです。第三世代は「親や兄弟がビジネスをやっているから」ビジネスに加わるのではなく、「やりたいか

ら」参加するのです。ファミリーの歴史やレガシーの影響を受けることが
あっても、それに縛られるといった感覚は希薄です。

　その結果、第三世代の目標として、参画した株主がビジネスから満足を
得られず、持分を売却して退出（Exit）するのを極力抑えることが課題に
なります。そのためには株主の声（Voice）を真摯に受け止め、不満の原
因を修正していく作業が必要となります。ファミリー株主は自分たちの声
が経営陣に尊重されていると感じると、株主として留まるという選択をす
るでしょう。退出することなく「もの言う株主（active owner）」でいても
らうのが望ましいのです。

　このように株主の会社に対するコミットメントを維持し続けることによ
り、財政面やリーダーシップのリソースを維持することができるのです。

　いったん第三世代経営が軌道に乗ると、ビジネスはより安定した強固な
ものになります。この時期になると、会社の規模も大きくなり、ファミリー
の数も増えるので、ファミリー・ファーストとビジネス・ファーストの振
れ幅も以前ほど極端なものではなくなります。

　ビジネスはメンバーが相互に影響しあい、常に変化を続けて、より強い
組織になっていきます。ファミリーとビジネスの結びつき、メンバー間の
結びつきが若干弱まるかもしれませんが、ファミリーにとって「会社」の
存在意義は大きな財産になることでしょう。

　このような第三世代以降の特徴を一言で言い表すと、冒頭に述べた「会
社のフォーマル化」であり、ファミリーのビジネスがパブリック・カンパ
ニー（上場会社）に似た組織に進化していく過程だということになります。
もっともこの進化に負の側面もあることは後述します。

8. 姻戚関係者の受入れ

　第二世代（兄弟パートナーシップ期）には彼らの配偶者が会社運営に関

わることがあります。その際つまらないことから関係者の間に嫉妬が生まれがちです。こうしたマイナス感情は、それまでうまく協力してきたファミリーに深刻な亀裂をもたらします。Ward（1987）は、配偶者が兄弟のビジネスにトラブルを持ち込む例を次のように説明しています。

　「よくできた有能な配偶者であってもビジネスには疎いことが多い。彼・彼女たちはビジネスや属する産業についての理解が欠けている。情報の入手先はお友達からというのが一般的であり、それらはビジネスの問題点に関係するものであることが典型である。結果的に配偶者たちはビジネスやその周辺の世界では偏った考え方を持ってしまうのである。このような図式は、兄弟間のライフスタイルが釣り合っていない場合に、より大きくなりがちである。大きな家や高級なクルマはえこひいきの結果であるとか際限ない消費の証明だとされてしまう。こうした配偶者の不満がお互いの反目の原因になる。そして怒りの感情は会社に対して高額なサラリーを要求するとともに、義理の兄弟への非難につながり、結局兄弟の一方が会社を去るという事態になることもある。」（同書71頁を要約）

　このように姻戚関係者を迎えると、ビジネス上の意見の相違だけでなく、感情的な問題や嫉妬を生じがちなのです。我が国でも創業世代のオーナーから「息子や娘の配偶者に会社をかき回される」といった話をしばしば耳にします。

　しかし、いがみ合っていても事態は好転しません。Whiteside, Aronoff& Ward（1993）"How Families Work Together"には姻戚関係者の受入れをどのように前向きに進め、会社の発展につなげるかについて述べられています。

　すなわち、ファミリーメンバーの配偶者（in-laws）がビジネス・ファミリーに加わることは、ファミリーにとって最もチャレンジングな構造変化

の一つだというのです。(注)

(注) in-laws には一般的に姻戚、姻族の訳があてられますが、ややニュアンスが違う
ので以下では英語表記のままにしたりその他の訳語を用いています。

　ポジティブで建設的な熱意を持つ配偶者（in-laws）であれば、彼ら（彼女ら）をビジネスに迎えることは本人にとってもビジネスにとってもプラスになります。

　一方、配偶者がビジネスに馴染めない場合であっても、ファミリーの集まりや行事に参加することによって育った環境の違いによるギャップは徐々に埋まっていくと考えます。新たにファミリーに加わった配偶者は永年にわたって培われたファミリーの文化から得るものがあるでしょうし、ファミリー側も配偶者から得るものがあるはずです。

　もし配偶者の融合を効率的に進める必要があるなら、はじめに配偶者とファミリーは互いの関係性をはっきりさせておくべきです。たとえば皆は配偶者をファミリーの仲間として遇するのか、配偶者にビジネスに参加できる権利を与えるのか、オーナーシップを与えるのか、配偶者にビジネスに関する教育をするのかといった事項が挙げられます。

　ファミリーの視点からすると、こういった事項を書面にすべき必要性があります。これは危機的状況というよりもむしろ冷静かつ建設的な状況で予め検討するべき複雑な問題です。

　アメリカのテキストにはこれらの他にもファミリーポリシーとして予め決めておくべき事項として、ビジネスで働いていた配偶者が離婚した時にどうするのか、配偶者は CEO といったリーダーを承継することはできるのか、配偶者はファミリービジネスの株式を保有することを許すのか、もしそうなら離婚した際の売買契約を締結するのかといった事項まで掲げています。

　実務的には、親は自分たちに実子の後継者がいないときに、養子制度な

どを利用して in-laws を後継者に立てることがあります。これは優秀な後継者を迎え入れるという意味では合理的なやり方ですが、どれほど養子（in-laws）に才能があり会社に対する貢献が大きくても、実の親子関係でないという事実は周囲の嫉妬感情を招き、マイナスに作用する可能性も否定できません。

　実際のところ、養子（in-laws）は会社の代表者としてではなくても主要な役目を果たすことができます。in-laws の側からするとファミリーメンバーとの間の信頼関係を構築することが何よりも大切です。

9．従業員承継の問題点

　従業員承継は、親族内の後継者候補が若年であるための「つなぎ」として経営者に就く場合以外は、困難な問題を生じることが多く、慎重な配慮が必要です。

㈦　業績好調な会社は税務上の株価が高くなっているので、後継者は高額な資金を出さなくてはなりません（そうしないと贈与税がかかります）。ところが従業員はサラリーマンなのでこのようなまとまった資金を持たないのが普通です。一方、先代もいざ承継して引退となると、老後の資金が心配になります（創業世代は稼いだ金は事業につぎ込むというタイプの人が多いようです）。こういうことで、金額面で折り合いがつかなくなるのです。実務では買取資金を分割払いにする約束をする例もありますが、中途で裏切られることもありえます。それなら外部の M&A で一気にキャッシュ化した方がお互い幸せだということになってしまいます。

㈡　社長になると金融機関から個人保証をするよう求められます。そうすると急に不安になったり家族に反対されるのが常です（「おじいちゃんの遺言で決して他人の保証人はなるなと言われた」との理由で断られた

例もありました）。ビジネスのリスクを取ったうえで家族まで将来巻き込む可能性があるとなると、従業員が尻込みするのは当然です。

(ハ) 従業員が抜擢されて社長になると、他の幹部従業員との間に軋轢が生じるのが通例です。「どうして昨日まで同僚だった彼に仕えないといけないのか」という感覚です。社長になってリーダーシップを発揮するためには正統性（authenticity）が要るのです。親族内の承継なら「血統」という正統化根拠がありますが、単に現社長から任命されたというだけでは無理なのです。大企業だと社長就任は時間をかけて競争してきた最終結果ですから皆に納得感がありますが、中小企業ではそうはいきません。その結果、他の役員・従業員の士気を低下させたり、反発した役員・従業員が得意先を伴って独立するといった事態も起こりえます。

承継の正統性は他の業界でも重要な問題です。たとえば、歌舞伎の世界でも襲名披露が大々的に行われます。襲名披露公演には歌舞伎界を代表する豪華な役者が揃い、わざわざ一幕を設けて、裃姿の先輩役者とともに名跡承継者がお客様に「口上」を述べて世代交代を伝えるのです。

江戸時代の征夷大将軍も天皇の宣下のもとに承継されたのです。正統性のないリーダーシップはありえないと考えます。

このように、従業員承継は金銭面でも心理面でも難しい側面があることを理解すべきです。特に後者は嫉妬や妬みといったマイナスの感情であり、一度生じてしまうと和解するのが困難な問題です。

10. 成長・発展に向けた戦略的変化の試み

（1）変化の時代

前述したとおり、事業承継は経営革新や第二の創業の契機と考えられます。ファミリービジネスの後継経営者には、先代（主に創業者）が成しえなかった新技術の導入や製品開発、販路の開拓といった革新を実践するこ

とが求められます。後継者は従前の経営資源を引き継ぎながら、トップの交代による変革を進め、企業を経営環境の変化に適応させることが望まれているのです。

　しかし、後継経営者は組織においては比較的新参であるため、長年先代に依存してきた経営や組織を、自らのリーダーシップによって革新するのは容易なことではありません。また、企業の成長には寿命があり、リーダーの交代が近づく時期には、先代の経営に伸びの鈍化や停滞が見られるのが一般的な姿です。創業者のオリジナルな戦略に固執すると、常に変化し続ける外部環境の要求に応えられなくなって、成長が止まるのです。初期の成功は将来の成功を約束するものではありません。ビジネスは変化し続け、テクノロジーも進化します。マーケットは成熟に向かうとともにコンペティターとの競争は激化します。このような状況に屈することなく、将来を見通すことが必要です。Aronoff&Ward(1997) "Preparing Your Family Business for Strategic Change" は次のような点を指摘します。

　　1・創業者の先見性や優秀さは一時的なものであり、長い目で見ると全体的な組織力が成功の秘訣です。生産設備をよりよく組織化し、全体と調和させることが求められます。

　　・変化の時代は、オーナーにとってなぜ成長することが大切なのかを改めて考えてみる機会です。なぜ会社を続けるのか、会社を他に売却するべきなのか、それともファミリー経営を続けるのか。会社の価値を見直し、成功するとはどういうことなのかを考え直すべきです。

　　・ファミリーとの情報の共有が必要です。そこには会社再編などの概念図も含まれます。

　　・マーケットが成熟したりテクノロジーが変化したときには、当初の成功に貢献したのは組織のどのような側面だったのかを検討する必

要があります。これは会社の伝統を捨てることではなく、変化やイノベーションに適合するように会社の文化を活用することです。」

また同書は「変化の時代にはビジネスに新しいアプローチが必要だ。リーダーは変化（change）の抵抗者（challenger）ではなく擁護者（champion）にならなくてはならない」と変化の重要性を強調します。後継者は会社のミッションや戦略を実現するために会社の文化・伝統を利用しながら、同時に変化に対応することが求められます。ここでは伝統と変化は二律背反でないことがわかります。

（2）かつての戦略が将来の成功を妨げないための工夫

（イ）過去の成功体験との訣別

多くのファミリー企業は過去の成功体験に捉われています。当初の戦略はパワフルで、深く会社に根付いているので、それを変化させることはほとんど不可能に近いと思われます。さらに、創業者はクリエイティブで個性的な人が多いので、後継者は劇的な変化をもたらす気持ちが失せてしまいがちです。しかし最初に成功をもたらしたやり方が将来の成功の邪魔になることもあるのです。そこで、次代の経営者は自分たちの事業の本質が何なのかを改めて考えるべきです。たとえば、優秀な営業部隊が成功の秘訣だと決め込むのではなく、販売のやり方を変革することもあるでしょう。これは最近のインターネット販売の隆盛を見ても明らかです。

（ロ）経営計画の必要性

多くの創業経営者はきちんとした経営計画の策定を嫌います。実際彼らは計画など作らずにビジネスを成功させているからです。彼らは将来を語るよりも、いま実際に行動することが大切だと考えます。また、将来の計画を作成してそれにコミットすると経営の柔軟性を損なうと考えます。「計画がロードマップだとしたら、もし新しい機会や障害が生じたらどう

するのか」などと主張します。しかし、それでもなお経営計画策定は重要です。もし環境が変わればその時点で書き直せばよいことです。肝心なのは計画そのものではなく、計画策定に当たって戦略を吟味するというプロセスが意味を持ちます。そのプロセスを通じて経営者はファミリーやビジネスの状況、業界の動き、世界情勢などを認識することができるからです。

　創業経営者が計画作りに抵抗するもう一つの理由は、将来に対して不安があることでしょう。将来事業がうまくいかなくなるのではないか、対外的な説明責任を果たせるのか、センシティブなファミリー問題に直面するのではないかといった恐怖心があるからです。しかしながら、その場合でもファミリーはこれらの問題に目を向けることが決定的に重要です。こうした状況においてファミリーのコミュニケーションを強化し、コンフリクトを解決していくことが期待されるのです。

（ハ）戦略的な「変化」スキルの開発

　経営者はいずれ代替わりし、会社を取り巻く環境も変化するため、会社自身も「変化」することが求められます。戦略的な変化を生み出すためには次のようなスキルが必要です。

・絶え間ない計画づくり（戦略の見直し）

　経営者は計画の前提を見直し、社内での有効性を確かめ、自らの限界を拡げなければなりません。戦略的な変革をいくつ経験したかが将来のビジネスの健全さを示すのです。戦略的な変革の経験とは、たとえば顧客によりよいサービスを提供する、新しい市場を開拓する、ビジネスのやり方を改めるといった経験です。ビジネスは会社の目標や価値観に沿った複数の戦略可能性を追求するべきです。これが具体的には経営計画の策定という形で行われるのです。

・イノベーティブで順応性ある組織づくり

　創業者の次の世代でも有効な戦略は、創業者からは生まれにくいものだと認識するべきです。特にオーナーが優れた戦略やアイデアの開発者であるときには、それを大幅に書き換える次世代戦略を思いつかないものです。したがって、戦略の変化も組織の変化も次世代経営者が担う方がよい結果をもたらすことが多いと思われます。

・絶え間ない再投資

　戦略的な支出予算の規模はどうあるべきか。その対象は１つなのか。企業は予算を現在のマーケットシェアの維持に向けるのではなく、それを拡大する方向に使う必要があります。それも１年だけの支出ではなく、将来何年も続ける必要があります。会社が稼いだキャッシュをオーナーに配当したり剰余金の積み増しに回すよりも、再投資に振り向ける会社の方が成長を続けます（これは伝統的なファミリー・ファーストとビジネス・ファーストの葛藤の問題です）。

・創業者のモチベーションとコミットメント

　高齢になった創業者はリスクを引き受けることが難しくなりがちです。多くを成し遂げた創業者は個人的な安心や時間の余裕を求めます。それでは、既に成功した創業者がさらなる成長、変化を求め自らの時間や情熱をビジネスに注ぎこむモチベーションは何でしょうか。それは会社の発展を望む気持ちとコンスタントな報酬を得ることです。会社の成長・発展を期待する経営者は、自らの報酬を業界での標準並みに抑え、一方で個人的なプライドを拡大することに注力するべきです。後継者は、創業者に対して、このような状況を理解するよう求め、かつ実行するよう説得することによって、将来の「変化」に必要な原資を会社に残すとともに、先代が「変化」を受け入れやすい素地を作るのです。

（ニ）変化を促し脅威を減らす

　後継者が戦略的変化を伴う新たな文化を取り入れようとするときには、それを個人の手柄にしないよう工夫するべきです。一個人のアイデアとして新しいプログラムを取り入れるよりも、多くのメンバーが貢献した成果物に見える方がより受け入れられやすくて効率的に実行できます。

　どれだけ後継者が優秀であったとしても、成功を勝ち取るためには多くの人の知恵を集める能力が欠かせません。一人だけがスポットライトを浴びる機会を減らすことによって、新しいアイデアは他の問題点をあぶり出し、世代間の議論が活発になります。たとえば後継者は表面的なデータを基にタスクフォースを作り、社内で情報を共有します。必要に応じ、外部の専門家の助言も取り入れます。そのうえで役員会にアイデアを諮ります。このようにしてリスクや感情のしこりを生ずることなく新アイデアを形にすることができ、その結果、将来の脅威も減少します。この場合、創業者が健在であれば注目を浴びるのは彼になるかもしれません。しかし、このようにふるまうことで創業者世代の伝統に変化をもたらし、時代に適合する会社にすることができるのです。結果的に後継者は会社の伝統を守ることができ、同時に旧世代のオーナーやリーダーの中に場を得て、自分がやりたい変化を議論の俎上に載せることが可能になるのです。

（3）増大するファミリーとビジネスのニーズにどう応えるか
（イ）ファミリーの価値観が持つ力

　ビジネスとファミリーメンバーが成熟して関与する人間が増加するにつれて、彼らのニーズ、期待、目標の間にコンフリクトが生じることがあります。

　多くのファミリービジネスは、「株主価値を最大化する（おカネを儲ける）」といった教科書的なアプローチに基づいて戦略を策定するわけでは

ありません。また特殊な思惑を持つ一部メンバーの利益になる戦略も適切ではありません。

　ファミリーは自身のビジネスをより広範な目標を追求するために利用すべきです。ここでファミリー間の足並みを揃えるために、創業者精神をシェアすることによってビジネスの文化や価値観の基礎が構築されます。ファミリーが明確な価値観で統一されていると、ファミリーとビジネスの統合が大きな成功をもたらします。彼らは、単におカネを儲けることだけを目的とするのではなく、それを超えたコアな価値観によって導かれるのです。

（ロ）創業者世代の金銭面、感情面の不安を和らげるため少しづつ「変化」する

　変化はリスクを伴うものだという消極的な考え方が多くの会社に浸透しています。そこでは必要な変化を避けようとすることから、逆に大きなリスクが生まれます。人や環境が変わるのですから、会社が変化することも避けられないのです。そこで戦略的な変革を成功させるためには、創業者世代の金銭面や感情面での不安を最小化するようにビジネスが構成されなければなりません。

　一般的に、創業時には生活費をまかなうのがやっとという状態です。事業がうまく回り始めると報酬も増えますが、まだ将来を心配することはないのが普通です。やがて企業の成長のスピードは鈍り、新たな設備、技術、人材への投資が増加します。ところがこれとほぼ時を同じくして株主でもあるファミリーメンバーが成長し、進学や結婚、住宅購入のために資金を必要とする機会が増加します。そうなると「財産は自身のビジネスだけ」という創業者世代は危うくなります。ビジネスの他に資産を持たない創業者は、引退時期が迫ると老後資金に不安を感じるのです。

　一方、後継者は様々なアイデアをもって事業の拡大を考えます。しかし保守的な創業者世代が現役で働いている間は、リスクを伴う冒険は受け入

れてもらえず、結果的にファミリーとビジネスの双方においてコンフリクトが生じます。創業者世代が事業からの収入に依存していないならば、子どもたちが新しい戦略に取り組んだり多くの責任を引き受けることに反対する理由は少ないでしょう。できることならば、創業者世代は自らの資産の流動性を評価して、ビジネスにとって必要な資金と引退後の生活、相続税、退出を望む株主からの株式買取請求などに備える資金を確保しておきたいところです。しかし、それはなかなか難しい現実があります。

　創業者世代の経済的な不安をなくすためにはさまざまなファイナンス技術の活用を検討するべきでしょう。一方、感情的な不安をなくすためには小さな変化を「一歩ずつ」重ねていくのがもっとも簡単な手法です。もし後継者が新しいアイデアを取り入れたいと考えるときに、それを全面的に採用するか全否定するかを選択する必要はありません。組織は徐々にゆっくりと新しい方向に向かって変化していけばよいのです。劇的な変化よりも小さな変化を継続することが望まれます。こうすることによって、経済的にも感情的にもより安定感が得られるでしょう。

　創業者世代にとって感情的な変化への耐性を得るもう一つの方法は、ビジネス以外の分野に興味を持つことです。これは社会的な活動であったり業界団体の運営であったりすることもあります。新しい事業を立ち上げることも考えられます。後継者は、これらを創業者世代に促すことによって事業の変化を受け入れてもらえるようになります。

　創業者世代が変化に対して快く思えない理由としては、自分が後継者候補のリーダーシップスキルや経験について自信を持てないことが挙げられるかもしれません。ファミリー企業の後継者教育では、リーダーシップを教えるよりもビジネスを教えることを意識します。リーダーシップとは、会社のミッションとそれを達成するための人々のモチベーションを融合させることを意味します。後継者がこのようなスキルを示すことによって、

現経営者は次世代が実行に移す変革を安心して見守ることができるのです。その場合でも、後継者が小さな変化を積み重ねることは重要です。

（ハ）ファミリーメンバーのリスク耐性

たとえ経営者が一貫した戦略目標を持っていたとしても、ファミリーメンバー個々人のリスク耐性が異なるのでコンフリクトが生じ、戦略実行が困難になることがあります。

そこで経営者は、会社財務について受入可能なリスク水準を定め、ファミリー内外の幹部を教育することが必要です。この例としては、自己資本と借入の比率を１：１に止めるとか、事業買収の判断にあたって回収期間を３年以内とするか、ROI が一定水準以上であるかといったものがあります。大切な点は、戦略的行動を導く財務数値に関してコミュニケーションを行って同意を得ることです。

（ニ）スチュアードシップの涵養

事業の承継はスチュアードシップのエッセンスです。「これは俺の事業だから好きなようにやりたい」というタイプの創業者もいれば、「私はこの組織を率いることができて幸運だ。これは自分だけで作り上げたものではないから他の者に引き継いでいこう」と考える創業者もいます。後者のタイプは、「自分の役割は次世代がうまくいくようにすることだ」との考えに至ります。

このような考え方が「スチュアードシップ」と呼ばれるものであり、創業者が持つ自己犠牲の精神です。リーダーがスチュアードシップの精神を持ち、それを伝承することによって、他のメンバーも自己の利益追求に走るのではなく、全体にとって何が善なのかを求めるようになるでしょう。スチュアードシップは、リーダーに対し保有するリソースをどのように使うことがベストなのかを問いかけます。リーダーは利用可能なリソースを分析するよう求められます。また、ファミリーもビジネスの戦略的な計画

や考え方を受け入れ、会社が成長し続けるために必要な変化を生み出します。Aronoff の言葉を引用すると、「スチュアードシップを持つことによってのみ、過去を壊すことなく（without breaking the past）過去から変化する（break from the past）」ことができるのです（前掲書48頁）。

（4）戦略のリニューアル
（イ）変化する戦略と守るべきコアバリュー

　個性的で優れた創業者のもとでスタートしたファミリービジネスも、やがては成長が止まり停滞します。その時期にはファミリーからの要求事項も増えるので、創業者が定めた戦略は必然的にコンフリクトを招きます。次世代を担う後継者は組織に新しいアイデアや戦略を持ち込みます。そのときには、創業者世代のような一つの戦略や一人のカリスマへの依存を止めなければなりません。この場合にリーダーのカリスマ性や優秀さは必ずしも価値のあるものではなくなります。それよりも外部環境や組織が変わっていくにつれて、会社の内と外を隔てる境界が希薄になり外部から新鮮なアイデアや情報が入るようにしなければなりません。その際に大切なことは、個人崇拝をやめる一方で、会社のコアなイデオロギーは残す必要があるということです。

　会社は特別なエネルギーを持ったリーダー（創業者）を失ったあと、どうやって活力を維持するのかという問題に直面します。そこではリスクを取って将来を見据えたアプローチを導入することによって、組織は停滞を免れ、より元気な姿に変わっていきます。逆に「我が社のやり方」に固執した戦略は競争力を高めるという要請を満たせません。このようなやり方は誰に対してもモチベーションをもたらすものではありません。

　ただし、ここで大切なことは、常に新たな見直しが必要な「戦略」と、変えてはならない「コアバリュー（価値観）」をしっかり区別すること

す。会社は一貫した価値観を追い求めて戦略を変化させるのです。あるイデオロギーに関して、大切なのはその内容そのものではなく、いかにその価値を信じ、それを生かし、根付かせ、表現できるかということです。

（ロ）進むべき新たな途

ファミリービジネスの歩む途は、利益をもたらすとともに苦労の種をも生み出します。創業時には資金集めと利益獲得に苦しみます。長時間労働も避けられません。その後、ビジネスが成長に向かうと急速に発展します。成長するとより多くのおカネ、時間、人材が必要となります。会社の成長が続く限り同じことの繰り返しです。新たなフェイズに到達する達成感とともに、新たなフラストレーションにも襲われます。

こうしたフラストレーションがあるにもかかわらず、リーダーがあらゆる段階で挑戦を続けなければならないのが一般的な姿です。このような発展段階があることを理解すれば、仮に多くの落とし穴に出会ってもそれが経営者の能力の欠如によるものではないとわかるはずです。

オーナーは脱個人化して将来の難問を想定することにより、ビジネスのダメージコントロールや将来の発展の戦略を描くことができます。オーナーは、普通の人が人生のフラストレーションを避けることができないのと同様に、ビジネス発展段階でのさまざまな問題を避けて通ることはできません。しかし、この事実を学ぶことによってリーダーはそれぞれのフェイズを乗り切り、後戻りを避けることができます。

再び Aronoff を引用すると、「ファミリービジネスの戦略的発展は一直線に進むものではありません。多くのファミリービジネスは行ったり来たりしながら成長し（move ahead in fits and starts）、その後も仕事や業界、ファミリーの変化によって停滞を余儀なくされます。しかしファミリービジネスは、新たなフェイズに進むに先立って、さまざまな現在や将来の問題を乗り越える経験を経て、深い洞察力やスピードをもって新たな

段階に進むことができるのです。」（前掲書70頁）

（5）共同体意識を保持することの重要性

　ファミリービジネスが世代を重ねることによってフォーマル化していくことはこれまでに何度も述べました。しかし、これはファミリーを含めた働く人々にとってよいことばかりではありません。

　過去30年ほどの日本の企業の歴史を振り返ってみましょう。従来「日本型経営」の特徴と言われてきた終身雇用に代表されるある種の共同体意識が近年崩れてきました。いわゆる日本型経営には、会社を家族になぞらえ「みんなで助け合って頑張っていこう。そうすればみんなが幸せになれるはずだ」という一種の共同体意識があり、それが企業の競争力を増す方向に作用してきました（「カイゼン」や５Ｓ運動などがよい例です）。

　ところが1990年以降「停滞の30年」と言われるように日本経済のパフォーマンスが悪くなってくると、逆に日本型経営こそが不況の元凶だと非難されるようになりました。そこでこれを壊すべく、アメリカを範とした新自由主義的な構造改革が目指されることとなります。具体的には儲かる所に集中投資して、儲かりそうにない分野は切っていきます。雇用の非正規化もこの間急速に進みました。一部の正社員を守り、多くの非正規労働者を安い賃金で使うのです。また、本来業務まで外注に出し、外注先を買い叩き、「価格」と「効率」の追求に明け暮れました。日本に限らず世界の多くの国がこうした新自由主義の途を追い求めてきました。しかしその結果、人々は「豊か」になれたのでしょうか。逆に格差の拡大が大きな流れになったのではないでしょうか。

　生産性に着目すると、競争による生産性向上はすぐに他社に追いつかれます。また、ある程度のイノベーションで生産性が上がっても、再びすぐに追いつかれ、利益が得られなくなります。つまり競争相手が必死に頑

張っているのだから、こちらも必死に頑張らなければ負けてしまう。しかし皆が必死だから大した差はつきません。その結果、人々の間に「豊かさの実感」は伴いませんでした。

大企業がたどったこのような隘路を見直すと、ここにファミリービジネスならではの優位性が見出せるのではないかと考えます。たとえば本節4（ロ）で言及したファミリービジネスのニッチ化は、コスト面で大手が手を出せない分野であることもしばしばです。オンリーワンになることで、価格競争や労働分配率引下げによらずとも豊かに生きていく途が現われます。決して「価格」と「効率」の追求だけでない生き方が見出せるのではないでしょうか。

ファミリービジネスの「発展」は一面では成功です。しかし、同時に「ファミリー共同体」である特質を残すことこそがファミリービジネスに優位性をもたらし、日本の経済復活の原動力になりうるものと考えます。

第4　事業承継のテクニカルな問題

１．贈与と売買の比較

先代経営者の生前に株式の承継を完結させる方策としては、後継者に対して株式を贈与するか売買（売却）するか、のどちらかになります。

贈与と売買には、次の表のとおり、さまざまな違いがあり、実行する際はそれらに配慮しながら、その会社の特性に合わせて決定していくことになります。

	贈与	売買
相続人対策	△（遺留分）	○
相続人間の公平性	△（遺留分）	○
先代経営者の資産確保	必要	不要
後継者の資金調達の要否	不要	必要
税金	受贈者に贈与税	売主に所得税（※低額譲渡の場合、受贈者に贈与税を課される場合あり）

（1）贈与のメリット・デメリット

　生前の事業承継において株式贈与の方法を選択するメリットとしては、①法律行為として明快・単純であり、当事者でも利用しやすいこと、②後継者において売買代金を準備する必要が無いこと、③令和元年の民法改正（令和2年4月施行）も相俟って、経営権の安定が早期に実現すること、などが挙げられます。民法改正前は、遺留分減殺請求がなされた場合に、相続対象株式が遺留分権利者との準共有状態となってしまい、遺産分割協議や審判が終わるまで相続対象株式の株主の地位が不安定でした。また、従前の遺留分制度においては、遺留分の算定上、被相続人から相続人に対する特別受益については無制限に持ち戻され、遺留分算定の基礎に組み込まれていました。民法改正により、これらの問題点や弊害が一定程度除去されたため、早め早めに株式の承継に対応することで、より経営権の安定に資することになりました。

　一方で、生前の株式の承継において、後日の紛争、あるいは紛争の種になりやすいのも贈与であり、様々な落とし穴やデメリットがあることには注意を要します。

　第一に、贈与は、受贈者に多額の贈与税が課せられる可能性があることです。

　金額にもよりますが、贈与税は税率が高く、贈与者と受贈者を一体とし

て見た場合、全体として資産が目減りしてしまう可能性があります。対策としては、後述するように税務上の株価を引き下げたうえで相続時精算課税制度を利用する方法や納税猶予制度の利用などが挙げられます。

第二に、贈与は、他の法定相続人との公平性を欠きがちであることです。

もっとも、先代経営者が死亡した後に、他の法定相続人には、遺留分侵害額請求権を行使したり特別受益等の主張をしたりすることによって公平性の問題を是正する手立てが残されています。そのため、生前贈与を利用した場合、先代経営者が死亡した際の遺産分割の場面では、共同相続人間による紛争を招いてしまう危険があります。対策としては、「中小企業における経営の承継の円滑化に関する法律」（いわゆる「経営承継円滑化法」）に基づく除外合意・固定合意の利用などが挙げられます。

第三に、株式の贈与は、先代経営者の資産が目減りする可能性があることです（相続税負担を減らす観点からは好ましいものですが）。

先代経営者は、株式の贈与後の生活費のことを考えておかねばなりませんが、株式の贈与後は、会社の経営権を失うことに注意しておく必要があります。

株式の贈与の際には、先代経営者に十分な資産を確保できているかどうかに注意する必要があるとともに、必要に応じて役員退職金制度等を利用することになります。

（2）売買のメリット・デメリット

特に贈与との対比で、生前の承継において売買を選択するメリットを挙げると、①相続人間の公平を維持できること、②先代経営者の資産を確保できること、があります。

前述のとおり、贈与による場合、とりわけ複数の法定相続人の一人を後継者とする場合、先代経営者の死亡後に他の法定相続人から遺留分侵害額

請求権を行使されたり特別受益等の主張をされたりすることのリスクがあります。

　これに対し、売買の場合、相続人間の公平が維持されうるため、原則として遺留分の侵害や特別受益の問題は生じません。

　また、売買の場合、贈与と異なって、先代経営者に売買代金が支払われるため、それを先代経営者の生活費等に充てることができます。

　一方で、売買では、後継者が買取資金を調達する必要がある、という大きな難点があります。

　後継者は、先代経営者と異なって、買取資金を準備する資力が無い場合が少なくないからです。そのため、売買によって株式を承継する際には、買取資金の調達方法もセットで検討していくことになります。この点の対策として、経営承継円滑化法では、都道府県知事の認定を受けることを前提に、融資と信用保証の特例による支援制度が設けられています。なお、後継者が会社から借入を行う例も見られますが、これは公私混同との誹りを免れず、会社の成長・フォーマル化の流れにも反するものです。

２．事業承継の税務対策

（１）税務対策の在り方

　株価引下げの手法は財務の参考書で以前から数多く提唱されてきました。一方、巨額の否認事例が報道されるのもこの分野の特色です。

　事業承継等で何らかの対策を実行する際に、クライアントの税負担を節減する方法を選択するのが専門家の役割です。しかし節税目的だけのために、経済的な合理性のない取引を行うのは好ましくありません。税法の裏をかいて納税額を減らすという試みは、専門家の心をくすぐるものですが、ここはあくまで税のあるべき姿に則り「正しい」納税を心掛けるべきです。

「法令に書かれている」以外のことは許されるという考えは間違いです。法令には隙間があることも多いのですが、その抜け道をさがすことが専門家の仕事ではありません。立法の趣旨に鑑み、税法的な正義を実現しつつ納税者の利益に資するスキームを構築するのが専門家のあるべき役割です。

このような考え方からすると、次のような基本路線が浮かんできます。

(ア)　租税負担軽減策を実施するにあたり、専ら租税回避のみを目的とすると誤解されないよう注意が必要です。ビジネスの遂行上経済的な合理性を持った施策の中で、それを実施したところ「結果的に」租税負担の軽減につながったというプランが望まれます。つまりその対策を行うにあたっては「大義名分」となりうるビジネス上の要請が存在することが前提です。

(イ)　株価引下げ策を実施し、その効果が長続きするようなスキームになっているのが理想的な姿です。評価額が下がった直後に株式を移動をするといかにも「そのために」対策を実施したのではないかとの疑念を招きかねません。しばらく時間を空けてから株式移動をする方がトラブル回避の観点からは好ましいと思われます。もっともこれはケースバイケースで、後述する退職金支給のような場合には、退職という事実があった翌年に株式移動をしても問題となることはまずありません（もっとも名目的に「退職」するのではなく「退職」が事実であることが必要です）。

（2）相続時精算課税制度を利用した贈与等

現在の税制のもとで効果が期待される方法は、類似業種比準価額方式が使えるように工夫し、そのうえで類似業種比準価額方式による評価額を下げたうえで、相続時精算課税制度を利用して後継者となる子どもに株式を贈与するというものです。

具体的には、税務上の評価方法を純資産価額方式ではなく類似業種比準価額方式の割合を高くするよう工夫します。その理由は、一般的に純資産価額方式によって評価すると評価額が高くなるケースが多いからです（特に老舗の企業等で古い土地等がある場合に顕著です）。もうひとつの理由は、純資産価額は類似業種比準価額に比べ引下げが難しいのに対し、類似業種比準価額方式は主として利益に連動し、それを下げる対策が容易だからです。この場合、単純にオーナーに退職金を支給して会社の利益を一時的に低くして評価額の引下げを図る方法がよく見られます。

　典型的な手法は、高齢のオーナー社長に退職してもらい退職金を支給することによって、その年度の所得を低くする方法です。ここで大事なことは、本当に「退職」することです。形だけ退職して実際には毎日出勤しているという状況ではダメだということです。

　同様に類似業種比準価額を使う評価引下げ手法として、持株会社を利用して類似業種比準価額の評価を下げる方法も目にします。通常、高収益部門を分社すると評価対象会社は株式保有特定会社になるのですが、その際にたとえば不動産部門だけを上位会社に残して株式保有特定会社になることを回避するのです。しかし、この方法には株式保有特定会社にならないよう分離した子会社の持分を一定範囲内にコントロールすることが求められますし、何よりもなぜ分社するのか、経営上その分社が合理的なものと言えるのかなど検討すべき課題は数多く存在します。

　こうして株式の評価額を引き下げた後、相続時精算課税制度を利用して贈与するのが最もポピュラーな株式移動方法です（移動方法として株式を売買することもあり、その際の譲渡所得課税も買主にとって有利ですが、買取資金を用意するのが面倒な点が問題です）。相続時精算課税制度の特色は、贈与時・相続時を通じた税額計算において、生前贈与財産について価額が贈与時の時価（すなわち引き下げられた価格）で確定されることで

す。ただし、相続時精算課税制度は一度適用すると、同じ贈与者・受贈者
の間では暦年贈与制度に戻すことができません。なお、相続税・贈与税に
ついては全面的な制度改正が検討されているとの報道があるため注意を要
します。

　金融機関がしばしば提案する持株会社スキームは、オーナーの後継者が
100％保有する会社を設立し、その会社に金融機関が融資してオーナーか
ら株式を買い取るというものです。この提案の欠点は、新会社に株式取得
資金返済のための原資が乏しいことです。たとえ配当をすべて返済に回す
としても長い期間がかかります。そのうえ後継者としては会社経営のス
タートから大きな借金を背負って人生を歩むことになり、心理的な不安が
残ります。

　この他にも一般社団法人を設立して財産を移転する方法、借入資金でマ
ンションを建設し固定資産税評価まで評価額を下げる方法、タワーマン
ションの上層階を購入することによって財産の評価を圧縮する方法など多
数の手法が紹介されています。しかしいわゆるタワマン節税に対して財産
評価基本通達6項を根拠に否認される事例が相次いだように、節税策の利
用には慎重な検討が必要です。このあたりのさじ加減、大義名分の作り方
などについては専門家の意見を徴することが不可欠です。

（3）納税猶予制度を利用した承継

　納税猶予制度とは、後継者である相続人等が、経営承継円滑化法の認定
を受けている非上場株式等を相続または贈与により取得した場合におい
て、その非上場株式等に係る相続税・贈与税について一定の要件を満たす
ことにより納税が猶予され、さらに後継者である相続人の死亡などにより
猶予されている相続税・贈与税が免除される仕組みです。この制度には平
成21年度税制改正で導入された「一般措置」と平成30年度税制改正で創設

された「特例措置」がありますが、より使い勝手がいいのは後者です。

この制度は、相続税等の課税が猶予されるだけでなく将来的に免除されるものなので、大きなメリットがあります。しかし「猶予及び免除」を受けるためには継続して要件を充足し続けなければならないとされています。

そこでこの制度を利用するかどうかは、納税及び猶予を受ける税額、適用要件の継続的な充足のためのコスト、適用除外となる可能性等の比較衡量によって決めるべきです。

多くの適用要件の中で、ファミリービジネスにおいて達成が不確実な例としては次のような要件が挙げられます。

・5年以内に代表権を他の者に譲る可能性がある場合
・5年以内にM&A等により猶予対象株式等を譲渡する可能性がある場合
・5年以内に猶予対象会社を解散させる可能性がある場合

したがって、納税猶予制度を検討するにあたっては、会社の将来計画をしっかり策定するとともに専門家の助言を受けることが欠かせないでしょう。

3．M&Aの利用

（1）後継者難への対応

中小企業庁が公表した「中小M&Aガイドライン　第三者への円滑な事業引継ぎに向けて」（令和2年3月）によると、中小企業の後継者難から廃業が増え、地域経済への悪影響が懸念される中、後継者不在の事業をM&Aにより第三者に引き継ぐケースが増加しています。

中小企業庁は「M&Aも中小企業にとって事業承継の手法の一つ」と位置付けますが、本来ファミリーで経営を続けることを旨とするファミリービジネスにとっては「承継」ではなく「セール（売却）」に過ぎません。

したがって本書では M&A に関する記述は省略します。

（2）ストラテジックセール

　最近では特殊な例として、事業発展のためのストラテジックセールも見られます。急成長する過程で IPO によって資金を調達するのが従来からのスタイルですが、そのためには時間がかかるので、いわば時間を買うために会社を戦略的に売却するのです。

　これは前述のように、世代交代が技術革新等の契機になるとの理解に加え、自社が持たない大きな経営資源を利用することにより事業展開を目指すものです。たとえばバイオ研究会社において、技術基盤はすぐれているけれども製品を自社で大量に生産・販売することが難しいため、大手製薬企業に会社ごと売却するといった例が見られます（大手製薬会社の連結 B/S に巨額の「のれん」が計上されるのはこのためだと思われます）。これをファミリービジネスの範疇に含めるかどうかは議論の分かれるところですが、成功の目途が付いたらすぐに売却するという目新しい戦略です。

（3）更なる飛躍へのステップ

　上記のような極端なケースは別としても、自社よりも多くの経営資源を持つ会社と提携したり M&A を行うことによって、相対的に低いと言われる中小企業の生産性を高めるべきとの主張もあります。つまり事業再編・統合によって中小企業と中小企業を結び付けることが、世界的に見て低位にある日本の中小企業の生産性向上のための重要な課題であると考えられるのです。このような主張に対しては「中小企業つぶし」だとの批判もあり、新型コロナウイルス感染症や世界情勢の変化の行方が不透明な現在では沈静化しています。

　とはいえ、この議論は世代交代を成長への更なる飛躍の契機とする考え

方につながるものであり、本書の基本構想に反するものではありません。

第**3**章

引退した経営者の
資産管理

●高齢の経営者は、身体機能の衰えだけでなく判断能力の衰えに対しても不安な気持ちがあり、引退後の資産管理についてリスクを感じている。

●このようなリスクを最小化するために信託、後見などの制度が定められているが、いずれにもメリット・デメリットがあって万能ではない。

●実務的には民事信託と任意後見の組み合わせが検討されている。

●人生の最終段階に向けての資産管理について安心できる手法を構築することは、遺される家族にとっても有益である。

第1　資産管理の必要性

　前章で見たように高齢の経営者の多くは、たとえば認知症など自身の判断能力が衰えるリスクを感じています。そのなかでいつ・どのような形で経営の第一線から退くか、個人の資産は引退後の生活にとって十分か、相続財産として、誰に・何を遺すのかといった点に不安を感じるのが通例です。

1．高齢化に伴うリスク

　我が国の高齢化率は「令和4年版高齢社会白書」によると令和3年10月1日現在で28.9%となっており、超高齢社会といわれる状況にあります。高齢化に伴い、認知機能が低下した高齢者が増加し、特殊詐欺や悪質商法につけこまれる事件が頻発していることから、資産管理の重要性が増しています。特に、ファミリー企業の経営者は自社株式以外にも豊富な資産を持つ富裕層が多く、自らの資産の管理は大きな関心事となっています。

さらにリタイア後の人生も長くなることから、老後のために蓄えた資産が失われないようにするだけでなく、自らの生活をアクティブに楽しむことも大切な関心事です。

そこで、資産を守り次世代につなげるとともに、認知症や身体障害に陥る不安を緩和し、有意義な老後生活が保障されるような制度設計が求められます。このような目的を達成するために、信託、後見（法定後見、任意後見）、財産管理委任契約等の手法が選択され、または、組み合わされて利用されています。

2．精神障害・知的障害を発症するリスク

精神障害や知的障害などの精神上の障害を有する者にとっても、自ら資産管理を行うことには困難が伴います。そこで、その資産が確保され生活の用に充てられるような仕組みを作る必要があります。ファミリー企業経営者もいつなんどき精神上の障害を発症するかもしれないので、決して他人事と考えて無視することはできません。

また、たとえば子どもに知的障害等がある場合等の考慮も課題です。親としては自分が健在の間は子どものために資産を確保し、その生活を支えていく努力ができますが、自分が亡くなった後に誰が子どもの生活を支えてくれるのか、誰が資産を守ってくれるかが最も憂慮すべき問題となります。さらに残された資産が子どものために適切に使われるとともに、日常的な金銭管理のサポートまでしてもらえる仕組みを生前に確立しておきたいという希望を持たれることがあります。

3．身体障害を起こすリスク

判断能力に問題がなくても、身体の衰えによって社会生活において様々な不便を余儀なくされ、自らの資産を確保しこれを活用して生活するうえ

で困難に直面します。身体障害があっても判断能力を有している場合には、他者への委任等により対応することができるとはいえ、やはり現実の不便によって資産の管理等に不自由を生じるのが現実です。このような身体上の障害は、現在健康であってもいずれは多くの方が陥ることになる事態です。

第2　資産管理手法としての信託

　老後の財産管理や死後の資産承継は高齢の元オーナー経営者の大きな関心事です。自身の体力の衰え、特に「自分が認知症になったらどうなるのか」といった不安を抱えて悩むケースが多いのです。このような不安を緩和・解消する仕組みとして「信託」を利用する例が増えています。

1．信託の意義
　信託は、委託者が財産を受託者に移転し、受託者がこの財産を一定の目的に従って管理・処分して、それによって得られた利益を受益者に帰属させる制度です。
　信託は文字どおり相手方を「信じて託する」ものであり、財産の管理運用を専門家や信頼のおける人物に委ねる方法です。

2．信託の仕組み
　信託の法律関係は、「信託財産」と「委託者」「受託者」「受益者」の三当事者から構成されます。
　まず信託は委託者の行為（契約・遺言・信託宣言）によって設定されます。信託財産の所有権は委託者から受託者に移転しますが、その財産から生じる利益が受託者に実質的に帰属することはありません。受託者は、信

託行為の定めに従い、信託財産に属する財産の管理又は処分及びその他の信託目的の達成に必要な行為をなすべき義務を負います。信託に基づく利益を享受しうる者が受益者です。受益権とは、受託者から給付を受ける権利（受益債権）及びその権利を確保するための監督権をいいます（信託法2条7項参照）。

3．信託の特徴

（1）倒産隔離と信用力の切り分け

　信託は、委託者の意思に基づく信託目的を実現するものですが、委託者は、信託財産につき権利を有しません。信託財産から生じる利益は、すべて、受益者が享受します。しかしながら、受益者は、信託財産につき直接に権利を有するものでなく、信託財産の管理・処分につき直接に関与することもできません。受益者は、受益債権という受託者に対する債権を通じて、信託財産から生じる利益を取得することになります。

　こうして信託によってある財産が誰の財産でもないような状態にすることができます（英米法でnobody's propertyと呼ばれることがあります）。その結果、信託財産は、委託者、受託者、受益者のいずれの破産によっても、原則として、破産財団に取り込まれることはありません（これを「倒産隔離」と呼びます）。

（2）柔軟なスキーム設計

　信託のメリットとして、委託者、受託者、受益者それぞれの事情に応じてさまざまなスキームを設計できる点が挙げられます。たとえば、(i)委託者が受託者に裁量権を与えて財産の管理運用を円滑に行う、(ii)委託者の意思の及ぶ範囲の拡大（自らの死亡後の受益対象者を予め決めておく）、(iii)一つの所有権を複数の権利に分ける（自社株式の議決権行使の指図権と経

済的な受益権を分離して別の者に承継する）といった事例が紹介されます。

　もっとも、信託は、主に財産管理や財産承継のために利用され、これらの効果は、他の方法、たとえば、委任契約の締結や遺言などによっても実現できますが、上記(ⅱ)の例で、妻の死亡後に子や孫まで財産を承継させる場合や上記(ⅲ)の場合など、信託しか実現できないものもあります。また、信託には、他の方法によっても得られる結果をより簡便かつ安定的に実現しうること、創意工夫を凝らすことによって他の方法では得ることが実際上難しい結果を実現することができるという利点があると言われます。このようなメリットにより、経営者が個人の財産管理に関して抱く不安の解消に寄与するだけでなく、会社の事業承継スキームの一つとして利用できる場合もあります。

(注)『信託フォーラム vol. 9　Apr.2018』には次のように記載されます。
　　「円滑な事業承継を進めていく方法としてはいくつもある。一つには、事業承継を容易にするためのニーズに応じた法的な仕組みの構築である。この点、信託は、①経営権（議決権の行使方法の指図権）と財産権（受益権）を分離できるので、後継者を決めるに当たって、実際に事業を運営する者と、株式の経済的利益を享受する者を分けたいというニーズに対応できる、②事業を承継させる時期を将来の一時点で決められるので、誰に事業を承継させるかを決めるタイミングと実際に事業承継が行われるタイミングをずらす（その間は現経営者が経営権を握っている）というニーズに対応できる、といった点で優れている。」(同書59頁)

（3）商事信託と民事信託

（イ）我が国の信託の特徴

　従来、我が国では信託銀行が受託者となって行う商事信託が中心でした。これに対して、英米法の国では、相続法とは別に世代を超えた財産移転を行う手段として広く信託が用いられており、このような手法を我が国では「民事信託」と呼んでいます。

　信託銀行が行う商事信託では受益権が金融商品の一種として販売される
ことが多く、また、信託銀行に対する規制もあって広い裁量を認めず定型
的な行為（たとえば株式投資）を一定の基準に従ってするものが主流でし
た。しかしながら、近時普及が進んできた民事信託は、委託者が財産の承
継や配分のためにオーダーメイドの信託を設定するものですから、その信
託に対する法的規制は商事信託に対する場合とは異なるべきです。そこで
信託を反復継続的に業として行う場合には信託業法が適用されるのに対し
（「信託の引受けを行う営業」（信託業法 2 条 1 項））、たとえば家族間で行
われる信託などには信託業法の適用はないとされています。

（ロ）民事信託の一類型としての家族信託

　近時、財産を持つ委託者が主に家族の中から信頼できる人（受託者）を
選び、委託者自身や特定の人（受益者）の利益のためにその資産を管理・
処分してもらう信託が「家族信託」という名称で広く知られるようになり
ました。民事信託（家族信託）は特定の法律上の制度ではなく、家族の財
産管理・財産承継のために利用されるものです。たとえば、認知症になっ
た後の相続税対策や不動産の運用を信頼できる家族に管理をしてもらうと
いった形態です。使われる場面は、認知症対策、事業承継対策、相続対策
（後継ぎ遺贈）、親亡き後問題の対策など多岐にわたります。

　このようなさまざまな民事信託（家族信託）の中で現在利用されている
典型例は、高齢である委託者自身が受益者となり、自分が生きている間は
その信託財産から生じる収益を自分のものとし、死亡した時点で子どもな
どの親族に信託元本を引き渡す形（自益信託）です。このような信託は、
遺言の代替方法と考えることが可能です。また、配偶者の生前は収益を同
人に、配偶者が死亡した時点で子どもに信託元本を渡す形態も広く行われ
るようです。

　このような民事信託（家族信託）は、法定後見や遺言より自由度が高く、

より本人やご家族の希望に沿った形での財産管理や財産承継が可能になると言われます。たとえば民法が想定していない二次相続先の指定、すなわち「財産を受け継いだ後妻亡きあと、その後妻の兄弟に渡るはずの財産を前妻の子に相続させる」といったいわゆる跡継ぎ遺贈の相続スキームも信託を利用して行うことが可能となります。

　現在の実務では、信託財産として不動産を対象とした案件も多く、そのうち多くが認知症対策を目的とした民事信託と言われています。

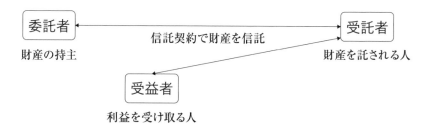

　もっとも、実務的には次のような自益信託が多いようです。この狙いは高齢の父に代わり子の判断で財産の管理・運用・処分をすることです。

　しかしながら、民事信託（家族信託）は万能ではありません。民事信託（家族信託）を利用しても相続税の節税になることはほぼ期待できないですし、遺留分問題も残ります。また、将来家族間でトラブルが起こらないように、ファミリーのアドバイザーである専門家が単に信託を設定するだけではなく、将来にわたって「寄り添い」「見守る」ことがポイントになります。

　しかし、弁護士、会計士、税理士等専門家がこのような民事信託の運用に関与する手法としては、後述するように信託業法の規制や利益相反等の

可能性があることから、信託の受託者となることは難しいのが現状です。そこで、スキームの立案を担当することや信託監督人、受益者代理人として受益者の利益の確保のために受託者を監視監督する地位に就くことが、信託の円滑な運用という見地から、現実的な選択肢となると考えられています。

とはいえ、ファミリー企業の経営者としては、専門家に対して資産管理のスキーム立案だけをスポット的に関与することを望むものではなく、会社の問題、個人の問題を幅広く相談できる存在になってほしいと考えることが多いと思われます。また、判断能力の衰えに備えた後見や、身上保護等の事実行為の担い手の確保も必要であり、関係者とのネットワーク構築を含め、継続的かつ全体的なサポートを提供することが期待されます。

(ハ) 専門家が関与する際の留意点

民事信託（家族信託）は、過去に一部マスコミが大々的に取り上げ報道されたことから大きなブームになりました。たしかに民事信託は他の法制度にない自由度があり、うまく活用すると大きなメリットがあると考えられます。しかし、なかには、専門家が、信託契約を作成し信託を設定するところまでは関与するものの、その後家族によって委託者（ファミリー企業の経営者）の財産が本人の希望どおりに管理されているのかをフォローするところまでは行っていないこともあります。

ファミリー企業のコンサルタントとしてビジネスやファミリーに対するガバナンス機能を発揮する専門家は、たとえ経営者の引退後であっても、「ファミリーの利益のために」信託が適切に運営されていることを確かめるとともに、ファミリー間での意見の不一致等が生じないよう調整する機能を持つべきと考えます。

第3　資産管理手法としての後見

１．後見の種類

　自ら財産の管理ができる状態にある者は、自らの判断でその資産の管理
や生活の用への利用を決定するのが原則ですが、認知症等により判断能力
が低下した場合には適切な管理を行うことが困難となります。そこで、そ
の判断能力の低下を補い、法律行為を代理しあるいは援助するための制度
として後見が設けられています。後見も老後の財産管理、死後の資産承継
についての不安を緩和・解消する仕組みの一つです。

　なお、後見とは、民法が規定する法定後見と任意後見契約に関する法律
による任意後見を総称するものです。

後見の概要

区分		対象者		援助者
法定後見	補助	判断能力が不十分な者	補助人	監督人を選任する場合もある
	保佐	判断能力が著しく不十分な者	保佐人	
	後見（成年後見）	判断能力を常に欠いている状態の者	成年後見人	
任意後見		本人の判断能力が不十分になったときに、本人があらかじめ結んでおいた任意後見契約に従って任意後見人が本人に代わって財産管理等を行う制度。家庭裁判所が任意後見監督人を選任したときから、その契約の効力が生じる。		

２．法定後見とその限界

（１）民法上の法定後見の概要

　法定後見とは、既に精神上の障害により判断能力の低下がある者につい
て家庭裁判所の審判によって法律行為を代理・援助する者を選任する制度

です。判断能力の低下の程度に応じて成年後見、保佐、補助の三類型があり、それぞれ成年後見人、保佐人、補助人（以下「成年後見人等」と言います）が選任され、本人の行為能力は制限され、それに対応する成年後見人等の権限が設定されます。

　成年後見の場合、本人は判断能力を常に欠いている状態ですから成年後見人には包括的な財産管理権が付与され、すべての法律行為について代理権が与えられます。

　財産の管理については、成年後見人等がその管理権に基づいて行うことになります。資産確保として重要なのは取消権が認められることです（成年後見人は本人が行った行為について取消権を有します。保佐人・補助人の場合は、同意を要すると定められた行為について取消権を有します）。

（2）法定後見の限界

　このように法定後見は、財産管理権と取消権により今後の生活のために充てるべき資産を確保することができるという意味で有効な制度です。

　しかし、この法定後見を利用できるのは、精神上の障害によって判断能力が低下してからであり、それ以前は利用できませんし、判断能力の低下のない身体障害者の場合も利用できません。また、資産運用は難しく、現実には成年後見人等による援助は杓子定規な内容になりがちです。そこで、任意後見をうまく活用する必要があるといえます。

3．任意後見とその限界
（1）任意後見の概要

　任意後見契約とは、本人が任意後見人に対し精神上の障害により判断能力が不十分な状況における自己の生活、療養監護及び財産の管理に関する事務の全部または一部について代理権を付与する委任契約で、任意後見監

督人が選任された時から契約の効力が生ずる旨の特約を付したものです。任意後見の趣旨は、判断能力のあるうちに判断能力が低下した後のことを予め自分で決め、信頼できる人に頼んでおくというものです。

任意後見では、必要な行為についての代理権を設定し、受任者との間で公正証書により任意後見契約が締結され、これが公証人の嘱託により法務局で登記されます。代理権の内容は当事者の合意により自由に決定することができます。受任者等の申立権者は、判断能力が低下したときに家庭裁判所に任意後見監督人選任の申立てを行い、任意後見監督人が選任されます。これによって任意後見契約の効力が発生し、任意後見人は与えられた代理権を行使できるようになります。

（2）任意後見の限界

任意後見は、委任者である本人の判断能力が低下した場合、自ら財産管理を適切に行うことができなくなりますが、これに代わって任意後見人が与えられた代理権を行使することによって本人のために財産管理を行うことができる点で有効な方法です。任意後見は、2000年の成年後見改正に際し、本人の自己決定をできるだけ尊重するために設けられた制度ですが、契約を公正証書によらなければならないこと、契約の発効には家庭裁判所に任意後見監督人選任の申立てが必要とされるなど手続面の煩雑さが問題となりがちです。

また、契約が効力を生じるのは本人の判断能力が低下して任意後見監督人が選任されたときであり、それ以前の財産管理には利用できないといった問題もあります。つまり、身体の衰えによって生活の支援が必要となったときには、任意後見契約は使えないことになります。このような場合には、後述する財産管理契約の方が有効です。

さらに、任意後見契約は代理権の授与であって、契約発効後も本人の行

為能力は制限を受けませんから、本人が行った法律行為を判断能力の低下を理由として取り消すことはできず、資産確保の機能に限界があると指摘されます。この他にも実務的な問題として、任意後見監督人選任の申立をいつ行うか、誰を任意後見人にするか、どのような内容の任務を決定するか等で家族間のトラブルが生じることがあると言われています。

　実務でしばしば問題になるのは、任意後見では、ほとんどの場合医療行為に関する同意ができないことです。患者が医師から説明を受け医療行為を受けるかどうかについての意思表示をする権利は、患者本人の自己決定権に基づく固有のものであり、任意後見契約における身上保護の事務の範囲を超えた事項と考えられています（親族による医療行為に関する同意は可）。したがって、大半の任意後見人や後述する財産管理契約の受任者は医療行為に関する同意書にサインすることはできません。そこで、高齢となった本人自身がどのような医療行為を求めるのかを明らかにする事前指示書や尊厳死宣言公正証書等を作成しておくべきです。このようなセンシティブな問題についても外部アドバイザーはファミリーメンバーに説明して手続を進めることが必要です（近時は病院側で希望する医療のチェックリストが用意されるのが一般的です）。

　このように任意後見契約にはさまざまな問題点や不備がありますが、実務的には任意後見契約と信託契約を組み合わせて、財産管理をより確実にすることが検討されています。

（3）民事信託と任意後見の特徴

　民事信託と任意後見はメリットが重なる部分もありますが、それぞれには次のようなメリットとデメリットがあります。

	メリット	デメリット
民事信託	・当面の財産管理と将来の承継を一つの契約で決めることができる。 ・相続人に年金型の給付をすることができる。 ・後継ぎ遺贈型受益者連続信託（次世代、次々世代までの財産承継をあらかじめ決めておきたいケース）や障害者福祉信託（親の死亡後、障害を持つ子どもの財産管理が必要なケース）では民事信託が有益。	・契約が複雑になる傾向がある。 ・現在では専門家が多いとはいえない。 ・長期間にわたり履行を「見守る」ことが必要。
任意後見	・任意後見人の動きを任意後見監督人がチェックするので安心感がある。	・判断能力低下により開始するので、その開始時期を予め指定することはできない。 ・任意後見監督人の選任を家庭裁判所に申し立てる等の手続が面倒。 ・任意後見監督人は家庭裁判所が選定するので、希望どおりの人物が選任されるとは限らない。 ・療養看護・家事手伝いなどの事実行為をしてもらうことはできない。

　民事信託が、認知症対策を目的として不動産を対象に利用されやすいのは、①比較的問題が顕在化していること（ずっと先の話ではない）、②不動産取引では厳密な「意思確認」が求められることが理由ではないかと考えられます（金融機関も民事信託を積極的に提案しているようです）。一方、相続対策としての民事信託活用は、財産の承継方法を定めるには有益ですが（したがって障害者福祉信託等にはフィットします）、相続税の節税にはつながりにくいので、それほど件数が増加していないと思われます。

第4　その他の制度と限界

（1）財産管理委任契約

　財産管理委任契約は、特別な制度ではなく民法643条の委任契約です。委任により代理権を授与し、受任者がその代理権を行使することによって本人の財産管理を支援するというものです。

　このような財産管理の委任は判断能力が低下する前でも利用できますし（身体障害の場合でも利用できます）、判断能力が低下した後でも契約は存続します。また、公正証書による必要もなく、比較的簡便に利用できるというメリットがあります。しかし、契約で監督の仕組みを作るなどしなければ、判断能力低下後も誰からも何らの監督もなされない状態になること、財産管理委任契約はあくまで私人間の委任契約であって本人の行為能力は制限されず取消権は無いことなど、財産管理の手法としては不十分と考えられます。

　そこで、実務では任意後見契約と併用されることも行われており、財産管理委任契約と任意後見契約をともに締結し、本人に判断能力がある間は財産管理委任契約により代理権行使を行い、判断能力が低下したときは任意後見契約を発効させるという「移行型」が使われることも多いようです。

（2）遺言

　遺言は、死亡後に自分の財産を誰に、どのように分けるか、書面に意思を表示しておくものです。「公正証書遺言」、「自筆証書遺言」、「秘密証書遺言」があります。また、近時、自筆証書遺言保管制度が制定され、これで遺言書の紛失等の問題は解決できそうですが、公正証書遺言以外では内容や書き方の不備で遺言が無効となることもあるので、公正証書遺言がお

勧めです。

　公正証書遺言は、公証人役場において、公証人に対して口述し、公証人が書き取って証書を作成する方法で、最も安全で確実な遺言方式です。また、遺言者の生存中は、遺言者及びその代理人以外の人が遺言書の内容を見ることはできません。したがって、紛失したり変造されたりするおそれもなくなります。なお、公正証書遺言の作成の際には２名の証人が立ち会いますが、未成年者や推定相続人・受遺者及びその配偶者・直系血族は証人にはなれません。

　相続対策としての遺言を民事信託と比較したときのメリット・デメリットは次のとおりです。

	メリット	デメリット
遺言	・本人の意思を遺産の分配に反映することができる。 ・相続人以外の者にも遺産を渡すことができる（ただし税の加算が必要）。 ・相続人間の争いの回避に役立つ。	・二次相続以降の相続における遺産の分配を指定できない。 ・相続人等に年金型の給付をすることができない。 ・遺言内容に絶対従わねばならないものではないので、紛争回避には限界がある。

第5　民事信託と任意後見・遺言の組み合わせ

1．制度のまとめと使われ方

後見と民事信託の特長は次表のとおりです。

	後見		民事信託
	法定後見 (後見、保佐、補助)	任意後見	
契約	不要	必要	必要
開始時期	本人の判断能力が低下した後	本人の判断能力が低下した後	契約締結時からスタート可能
終了時期	本人の死亡まで	本人の死亡まで	契約で定めた時まで
財産権移転	なし	なし	移転する
個別の財産	個別財産を対象とすることはできない。	可能	可能
関与する人物	弁護士、司法書士、社会福祉士等を裁判所が職権で後見人に選任することが多い(親族が選任されるケースもある)。	本人が選んだ者が任意後見人となる。加えて、裁判所によって後見監督人が選任される。	一般に家族を受託者にすることが多い(原則として外部からの関与はないが、弁護士等を信託監督人や受益者代理人に選任することが可能)。
相続対策	本人のための財産管理なので相続税対策はできない。	契約により自由に代理権の範囲を定めることができる。立法趣旨等から一定の制限がかかる可能性がある。	・可。もっとも、遺留分問題への対応として利用することはできない。 ・二次相続、三次相続について遺産の分配を指定できる。

　上記のうち法定後見は裁判所の監督下で行われる制度なので財産の管理に制約が多いようです。つまり、法定後見の後見人は、本人の財産を本人のために「管理」する権限を有しますが、ここでいう「管理」とは「本人

のために」「最低限なされる」管理行為であり、財産の性質を変えるような行為（たとえば増改築、処分）は原則としてできません。

　したがって、実務的には、任意後見又は民事信託、あるいは両方の組み合わせを検討して判断能力が低下した後の財産管理に備えることが有益です（認知症対策の必要度が高くない場合には、遺言によって遺産の分配をあらかじめ決め、相続に備えることで対応可能です（ただし、遺言では生前の財産管理はできません））。

2．実際の組み合わせ例

　財産を適切に管理するために、任意後見契約と信託契約の組み合わせ例を紹介します。まず、信託により、財産を家族や信託会社等に信託します。その際、後見が必要になった場合には、任意後見人が指図権者に就任するように指定しておきます。

　また、信託監督人として、弁護士や税理士などを指定しておき、財産処分をするような場合には監督人の同意が必要な契約にしておけば、ダブルチェックも可能になります。

　任意後見契約では、委託者の要望等を十分に検討しておき、将来の不動産の処分や有効活用なども含めた内容にしておくことで、その後の委託者の状況に応じた財産の管理・活用・処分が可能になります。

　また、遺言代用信託や後継ぎ遺贈型受益者連続信託を組み合わせれば、遺言単独ではできなかった財産承継も可能となります。

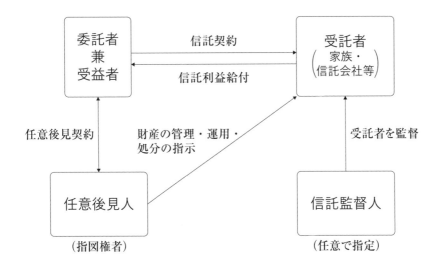

上図にある「信託監督人」の業務は、委託者のことをよく理解している顧問弁護士や税理士が適任と思われます。

後見制度にある「後見監督人」は、各専門職団体の推薦名簿のなかから家庭裁判所が選任しますが、「信託監督人」は、信託契約のなかで、任意に指定することが可能です。また、任意後見では、後見が必要な状況にならなければ監督人の業務は開始されませんが、信託ではこれも契約によって自由に定めることが可能です。

(注)『信託フォーラム Vol.11　Apr.2019』に大口善徳氏（厚生労働副大臣（当時）、弁護士）と新井誠教授の対談が掲載されています。そこに次のような発言が記載されています。
「判断能力が十分でない方の財産を保全していくということだけではなくて、その本人の思いや本人の意思決定に、寄り添っていくということが、身上保護という福祉的な観点から重要だと思います。つまり、ただ単に厳格に財産保全のみを重視するのではなくて、その福祉的な観点で、本人の意思決定支援や身上保護が大事だということです。本人の意思を大事にするということは、その人らしい生活をやっていくということにつながります。そのためには、自分はこうしたいという意思の下、積極的にこの財産を活用していくことが大事だと思います。ただ、本人は何を望んでいるのか、どういう意思があるのかを丁寧に

探っていかなければなりません。そのような丁寧な意思決定支援を行うことで本人の思い、やりたい、望んでおられることをしっかり受け止めてやっていくことが大事だと思います。(中略)

　それ（筆者注：信託）に、任意後見制度を組み合わせることによって、任意後見監督人が、ちょっと心配なところや不正がありそうな場合をカバーできます。そうだとすると、任意後見制度と民事信託、それから法定後見制度と民事信託ということを組み合わせることもよいと思います。」(同書6頁)

第6　安心して死を迎えるための準備

　元気なうちから自分の人生の最終段階における医療について、どうしてもらいたいかを考えて表明し、それを家族と共有しておくことを「アドバンス・ケア・プランニング」と呼びます。臨終間際の状態で医療の限度を自ら決定することは現実には難しいと思われます。一方、家族が「できることをすべてやってください」と希望するのは自然な心情です。だから元気な時から死の問題についてあえて向き合って決めていくことが大切なのです（駒ヶ嶺（2022））。

　このような議論について厚生労働省は「人生会議」と名付け、普及啓発を行っています。そこでは死とは何か、世の中にはどのような医療があるのか、適正な医療と過剰な医療の見極めといったことを学び、選択肢を知ったうえで判断することが求められます。

　一方、家族側の問題として、看取り後の死者との関わり方についても議論しなければなりません。亡くなった後の家族に対する視点です。たとえばある一人が亡くなったとき、周囲の人間がその死を受容するまでの間のグリーフケアも大切です。周囲のより広い範囲を巻き込んだ「嘆き」の受け皿を創らなければならないのです。これには単に医学だけの問題ではなく、宗教施設も関与します。

　ところで、自らの死にあたっても死後の家族のケアの点からも、すべておカネの問題がついて回ります。そこで法律や会計の専門家が、近い将来

死を迎える人の相談役として寄り添い、その人がおカネの問題について自分で考えるのをお手伝いするのが本章の財産管理の課題、次に死後の家族のケアが次章の重要テーマである遺言になるというように位置づけできます。

　私たちは豊かに生きることに熱心に取り組んできましたが、豊かな死についてはほとんど何も知りません。死はそこで終わってしまうのではなく、親しい家族を巻き込んでずっと続いていくものです。したがって、死にゆく人に寄り添ってともに考え、死が訪れた後は残された家族のケア（相続の争いを避ける等）の活動が法律や会計の専門家にも求められるのです。

第7　財産管理のまとめ

　以上のように財産管理の手法として信託、後見、遺言等が用いられますが、これらのなかで決定的に有利な手法というものは存在しません。そこで実務的には民事信託と任意後見や遺言の組み合わせが検討されています。

　ただし、肝心なことは、どのような手法を用いるにせよ、ファミリーとご縁を持った専門家が、引退後の経営者、他のファミリーメンバーとも意思の疎通をしながら、元経営者に「寄り添い」「見守る」ことによって、その財産を本人の希望に従った形で管理することが大切と考えます。

第4章

引退した経営者の相続

【本章のポイント】

●ファミリービジネスの相続は、経営者が早い時期から資産承継を意識した対策を講じている場合には特段問題は生じないはず。しかし現実には、遺言の作成、相続税負担、遺留分問題などのトラブルが頻発する。

●日本の相続税はアメリカに比べると非常に高い水準にあるので、事業承継にあたって税を無視することはできない。

●遺留分問題は民法が規律する世界なので、一口に「時価」といっても相続税法のそれとは異なり慎重な検討が必要となる。

●遺留分問題や相続税に関して法令等の隙間を狙った抜け道スキームは避けるべき。

第1　遺言作成の重要性

1．相続と事業承継

　相続とは、亡くなった人の財産を相続人が受け継ぐことです。亡くなった人の財産を「遺産」と言い、亡くなった人を「被相続人」と言います。人が亡くなると、その人の所有していた預金や有価証券、不動産を相続人が自由に使うことはできません。財産の管理もできなくなってしまいます。そこで子どもや配偶者、直系尊属、兄弟姉妹など被相続人に近しい人に遺産を受け継いでもらう制度が相続なのです。

　事業承継とは、育てた会社を後継者に継いでもらうことを言います。会社の経営などを次の世代の経営者に引き継ぐことが事業承継なのです。

　事業承継と相続は比較的近接した時期に発生することが多いのですが、前者はあくまで会社の業務執行上の世代交代と資産引継ぎ、後者は会社を

離れた経営者個人の資産負債を相続人に引き継ぐものです。

2．遺言の必要性

「遺言は書くべきでしょうか」という質問をよく受けます。多くの弁護士、会計士、税理士は YES と答えるでしょう。しかし、遺言を作成することは必ずしも法律上の義務ではないのです。ファミリービジネスの経営者も「自分はまだ元気だから遺言を作るのは早すぎる」と考えます。そうはいっても、次のように将来相続人間でもめごとの発生が予想されるときには、必ず遺言を作成することにより故人の遺志として一定の方向性を示すべきでしょう。そのうえで将来株式価格などが大きく変わるなら、その際に新たな遺言を作成して古いものを書き換えていけばよいのです。

たとえば、(i)子どもがおらず、疎遠になっている兄弟よりも配偶者に資産の大半を渡すケース、(ii)自分は親の世話をしたので多く遺産を分けてほしいという相続人がいるケース、(iii)離婚した配偶者との間に子どもがいたり嫡出子以外に子どもがいるケースなどではトラブルになる可能性が高いので、遺言によって被相続人の意思を確かめておくことが欠かせません。

ところで、遺言を作成する被相続人の傾向としては(1)「財産は私が一生かけて築き上げたものなのだから自分の好きなように分けたい」というタイプと、(2)「子どもたちが遺産をめぐって争うのは困るからもめないように平等に分割すべき」という対応の方がおられます。そしてお一人がこの2つのお気持ちの間で揺れ動くというのが実態です。ある時は「自分のビジネスは長男が継いで今後苦労するのだから財産は全部彼に渡す」、その翌日には「自分は親からの相続のとき兄弟間でもめてしまった。子どもたちにはこんな思いを二度とさせたくないので平等分配が原則だ」。これは考えがぐらついているというよりも、両方が経営者の真のお気持ちですので、弁護士や会計士・税理士といった専門家アドバイザーがその気持ちを

察したうえで落としどころを探ってナビゲートしていくことが求められるのです。

またファミリービジネスの創業者の場合、稼いだお金は全部事業に再投資してしまい遺産の大半は自社の株式だけというケースがよくあります。しかも事業を継いでくれる長男に株式は渡したい。一方、長男の側からすると、キャッシュ化できない自社株をもらってもあまりありがたみを感じないという話を耳にします。こういった事態を避けるためには、早くから（遅くとも10年単位で）相続財産の分割プランをファミリー会議の場で話し合い、キャッシュ不足の備えとして死亡保険に加入する等の対策を練っておくことが必要です。このような超長期のプラン作りにも外部専門家の関与は欠かせません。なぜなら税を始めとする法律改正は頻繁に起こり、それに応じて資産の持ち方を変えていく必要があるからです。

3．遺言作成の実務

遺言とは、自分が生涯をかけて築き、かつ、守ってきた大切な財産を、最も有効・有意義に活用してもらうために行う遺言者の最終の意思表示です。遺言を作成しておくことにより、相続財産の承継について、被相続人ご自身の意思を反映させることが可能となります。ただし、遺言はただの遺書とは違います。法律で定められた方式で作成されたものでなければ、法的効果を生じません。法律で定められた遺言の方式としては、自筆証書遺言、秘密証書遺言、公正証書遺言などがあります。このうちよく見られる方式は、被相続人の手書きによる自筆証書遺言と公証役場に行って作成する公正証書遺言です。

公正証書遺言は、遺言者本人が、公証人と証人2名の前で、遺言の内容を口頭で告げ、公証人が、それが遺言者の真意であることを確認した上、これを文章にまとめたものを、遺言者及び証人2名に読み聞かせ、又は閲

覧させて、内容に間違いがないことを確認してもらって、遺言公正証書と
して作成します。

　公正証書遺言には、次のように、多くのメリットがあり通常これを利用
することを推薦します。まず何と言っても、安全確実な遺言方法であるこ
と。公証人は、裁判官、検察官又は弁護士の経験を有する法曹資格者や、
多年法律事務に携わり、法曹資格者に準ずる学識経験を有する者であっ
て、正確な法律知識と豊富な実務経験を有しています。したがって、複雑
な内容であっても、法律的に見て整理した内容の遺言書を作成しますし、
もとより、方式の不備で遺言が無効になるおそれもありません。公正証書
遺言は、自筆証書遺言と比べて、安全確実な遺言方法であると言えます。

　この他にも、公証人の出張が可能であること、遺言書の検認手続が不要
であること、遺言書原本が役場に保管されること（破棄・隠匿・改ざんの
リスクがない）、震災等に備えて遺言書原本の二重保存システムが存在す
ること等の安全安心材料があります。

　公正証書遺言作成のコストについては、日本公証人連合会のホームペー
ジに基準表が記載されています（公証人手数料令第 9 条別表）。

　<u>財産の相続又は遺贈を受ける人ごとにその財産の価額を算出</u>し、これを
上記基準表に当てはめて、その価額に対応する手数料額を求め、これらの
手数料額を合算して、当該遺言公正証書全体の手数料を算出します。ここ
で留意しておくべきなのは、この結果、相続人の数が多い時には結構高額
な手数料になってしまうことが見落とされがちという点です。また、全体
の財産が 1 億円以下のときは、上記の方法によって算出された手数料額
に、 1 万1,000円が加算されます。これを「遺言加算」と言います。

　なお、従前はこのような公正証書遺言の長所のため、保管や改ざんリス
クなどに難がある自筆証書遺言が用いられることは少なかったのですが、
近時の改正で自筆証書遺言を法務局が保管する制度が設けられました。ま

た、法務局保管の場合には自筆証書遺言に要求されていた検認手続が廃止されました。このような改正があったことから、今後は自筆証書遺言によることが増えてくるかもしれません。もっとも日本公証人連合会のホームページによると、新制度が設立された現在でも、自書の必要性の有無、高度な証明力の有無、法務局職員による出張の有無、遺言書の写しの入手方法などの観点から、公正証書遺言が有利だと説明されています。

第2　株式の買い集め

　事業承継に先立って、オーナーが経営に参加していない株主から株式を買い集めることができれば、その後の事業承継手続をよりスムースに進めることができます。その際の買取価格はいわゆる税務上の価格（財産評価基本通達に基づく価格）ではなく、当事者間で合意した価格で取引して問題ありません（ただし税務上の価格との乖離があると課税関係が生じます）。実際には時価純資産法、ディスカウント・キャッシュフロー法（DCF法）、マルチプル法、それらを組み合わせた方法等によって売買が行われます。これらに関して、理論的にはDCF法が正しい方法だと主張されますが、計算過程に(i)将来の予想収入（キャッシュフロー）、(ii)超長期の割引期間、(iii)割引率（期待収益率）の決め方など仮定に基づく要素が多く介入するという難点が存在します。そのため中小企業の企業評価においてDCF法のみによって価格を算定すると、不都合な結果を招くこともしばしばです（業績が安定しない、上場企業の株価変動との感応度がはっきりしないなどの問題のため）。そこで実務には、利益に一定のマルチプル（倍数）を乗じて企業価値を算定したり、その数値に純資産を加味して算定するといった方法による例も見られます。なお、株式譲渡によって生じた売手の所得に対する課税は約20％と割安になっています。

　一方、株主間の譲渡ではなく会社が自己株式として取得することによっても同様の効果を得られますが、この場合には売手に対する課税が譲渡の際より高額になることが多いので、通常第一選択肢とはなりません。

　いずれの方法によっても経営に従事するファミリーが株式を所有し、世代交代があっても経営に携わるメンバーに引き継いでいくのがファミリービジネスの王道です。

<u>第3　名義株の処理</u>

1．名義株とは何か

　遺産に自社株式を始めとする非上場株式がある場合には、株主名簿や法人税申告書別表第2に記載された株主名と所有株式数を確認して、相続で取得する株式数を確定することが必要です。

　その際に、株式の所有者名が形式的なものであり、真の所有者と異なる場合がよくあります。これを「名義株」と言い、相続においては大きな問題になる事項です。

2．名義株が生まれる理由

　旧商法時代（平成2年改正前）には、会社設立にあたり7名以上の発起人が必要とされていました。そこで知人から名義を借り、資金は創業者が出して会社を設立するということが頻繁に行われていました。この知人の名前を正しい資金拠出者に戻す処理を失念することが多く、名義株として残ってしまうのです。

　また、ワンマン経営の場合には、自らの相続財産を減らそうと安易に株主名簿や別表第2を書き換える例も見られます。

　このような名義株が残ったまま相続を迎えると、相続税の税務調査の際

に実態との相違を指摘されることがありえます。また、名義株の名義人にも相続が発生するなどして、紛争になることがありえます。かかる事態を避けるために、ファミリーとしては創業オーナーの生前から実質的な株式の所有者を特定する作業を行う必要があります。

3．実質所有者の特定

　まずは創業者の記憶がしっかりしている間に、創業者にヒアリングして本当に自分が出資金を払い込んだのかどうかを確かめるとともに、何らかの具体的な証拠を探すことが望まれます。しかし現実には「古いことなのでわからない」とされて、そのまま相続を迎えてしまう例が後を絶ちません。その場合でも次のような点を調査することによって、株式の実質的な所有者が誰なのかを調査官に示せるように努力するべきです。これらはどれか一つが当てはまればよいというものではなく、総合的に勘案して実質的な株主は誰なのかという心証が得られるようにすることが大切です。

① 　出資金払込時の資料

　・払込時の通帳に記載された払込者の名前を確かめる。

　・会社設立登記時に法務局に提出した払込証明書の写しを確かめる。

　・定款・議事録等の記載名、印影が各人異なっているかを確かめる。

② 　少数株主への配当の状況

　・配当を決議した取締役会や株主総会の議事録を確かめる。

　・配当の支払先が記載された通帳を確かめる。

　・配当の支払調書、支払調書合計表が残っているかを確かめる。

　・配当にかかる源泉所得税の納付書の控え等を確かめる。

③ 　議決権の行使状況

　・株主総会議事録に記載された出席者名とその印影を確かめる。

　・株主総会招集通知の発送先のリストを確かめる。

・株主出席者に支払った「お車代」や会食した記録を確かめる。

④ 株券の所在

・古い会社では株券を発行することが多かったので、金庫の中に株券が
残されていないかを確かめる。

さらに名義人とされた人物が存命で協力を得られるのであれば、名義株
となった経緯を記した確認書を入手し、相続税の申告書に添付することが
望まれます。しかしながら、実際にはこのような確認を取れるケースは多
くなく、現行株主だけで「株主は××のみである」旨確かめる文書を作成
することが行われます。これはもちろん証拠としての能力は低く、気休め
にしかならないかもしれませんが、無いよりましといった感覚です。

４．名義株問題の波及

名義株の問題は、創業オーナーの相続だけに関わるものではありませ
ん。名義人となった知人や家族に対しても贈与税や相続税の問題が起こり
えますので、専門家を交えて慎重に対応することが望まれます。

第4　遺留分制度の民法改正

１．遺留分制度改正の内容

2018年の民法改正で従来「遺留分減殺請求権」と言われていた制度がそ
の内容も含めて改正され、「遺留分侵害額の請求」という制度になりまし
た。特に事業承継との関係で重要性を有する主な改正点は以下のとおりで
す。

（１）金銭請求権への転換

従前の遺留分は現物の分割が原則で、遺留分義務者は「価格弁償を選択

できる」という制度でしたが、改正法では遺留分権利者は「遺留分侵害額に相当する金銭の支払い」のみを請求できることになりました。

この改正の理由としては、「自社株式を例にすると、共有関係が生じる場合、業務運営に支障をきたすから金銭請求に限ることとした」と説明されます。

たしかに遺留分権利者にとっては、もらっても換価できない資産を押し付けられるよりもキャッシュをもらえる方がありがたいのは事実です。その一方で、請求を受けた側に十分な資金の持ち合わせがない時には悩ましい問題になります。実際、これまでは「非公開の株式をもらっても役に立たない」と考えて請求をあきらめていた人が、「おカネをもらえるならとりあえず請求してみよう」という動きも見られるとのことです。遺留分の回復を金銭で行うことで紛争を防ぐという趣旨で行われた改正が逆の結果を招く場合もあるようです。

（2）遺留分の算定上考慮される侵害者の特別受益の制限

従前の遺留分制度においては、遺留分の算定上、被相続人から相続人に対する特別受益については無制限に持ち戻され、遺留分算定の基礎に組み込まれていました。しかしながら、改正法においては、遺留分侵害額の計算上、持戻し計算の対象となる侵害者側の特別受益の範囲は原則として相続発生前10年以内のものに限定されることになりました（改正民法1044条1項・3項）。法律上、「当事者双方が遺留分権利者に損害を加えることを知って贈与をしたとき」については10年以前の特別受益が持戻し計算の対象になる余地は残るものの、遺留分制度の対象となる侵害者側の特別受益の期間が制限されたことは、早期の事業承継対策により遺留分の問題をクリアする途を開いたという意味において、今後の事業承継実務に大きな影響を与えることになると想定されます。

（3）必要な対応

そこでファミリービジネスにおいては、創業者（もしくはその後のオーナー）が健在の間に、頻繁にファミリー会議を開き、創業者引退後の次世代以降の株式の持ち方、その他の資産の分け方等について十分な相互理解を形成しておくことが必要でしょう。またこの問題には法律や税の複雑な話が絡んできますので、弁護士、会計士、税理士といった専門家の継続的な関与が欠かせません。

また遺留分問題は民法を根拠とするものなので、侵害の有無を判断する際の「時価」は必ずしも相続税法の「時価」と同じではありません。この点は研究者や実務家の間でも、また裁判例でも見解が分かれる難しい問題です。

第5　信託財産は遺留分侵害額請求の対象となるか

（1）遺留分侵害額請求を逃れるための信託設定

第3章で述べたように、信託財産は所有権ある財産から隔離され、独立して扱われます。そのため「信託財産（信託受益権）には遺留分侵害額請求が及ばない」という主張が一部の実務家らにより提案されてきました。

税法上信託財産（信託受益権）は贈与又は遺贈によって取得したものとされ「みなし相続財産」とされます。一方、民法上の相続財産には「みなし相続財産」は含まれないため、理論上、信託財産が遺留分の対象外という主張にも一理あります。

しかしながら遺留分侵害額請求を逃れるために信託を使うことについては以前から反対意見が多く、これを実務で使うのは極めて危険です。つまり信託は実質的には世代をまたぐ資産承継先の指定という機能が本質であり、他の目的（たとえば遺留分侵害額請求の回避や相続税対策）のために

使われると後日トラブルの原因になりがちなので、避けたほうがよいと考えます。

（2）信託と遺留分の関係についての裁判例

　信託と遺留分の関係について判断した裁判例が東京地判平成30年9月12日（金融法務事情2104号78頁）です。かなり細かくなりますが、この事件の概要を記します。

① 　被相続人（父）は、平成27年2月1日、全財産の3分の1を次女に、3分の2を次男に移転する旨の死因贈与契約を締結した。

② 　被相続人（父）は、平成27年2月5日、次男との間で、本人が委託者兼受益者、次男を受託者とする信託契約を締結。信託の目的は、判断能力低下後も死亡後もその財産を次男が管理運用して次男及びその直系親族が家を継ぎ、墓・仏壇を守るなど財産管理を継続することとされ、信託財産は居宅、賃貸物件、第三者に無償貸与していた敷地・私道、山林及び300万円とされていた。父死亡後の受益者は、長男に受益権割合の6分の1、次女に受益権割合の6分の1、次男に受益権割合の6分の4を取得する。

③ 　平成27年2月18日に被相続人（父）死亡。

④ 　長男は平成27年7月以降に、次男に対して遺留分減殺の意思表示をした。

　このような長男の請求に対して地裁判決は、「本件信託のうち経済的利益の分配が予想されない不動産（居宅、敷地・私道、山林）に対する信託については『遺留分制度を潜脱する意図で信託制度を利用している』と認定して、信託契約については公序良俗違反で無効となり、かつ、権利とし

て移転された受益権が遺留分の対象となる」として長男側が勝訴しました（ただし運用の予定される不動産（賃貸物件）に関しては、受益者たる長男に発生する経済的利益を与えるもので制度の潜脱とは認められないとしました）。

　この判決は、(1)2018年の民法改正以前のものであり法改正後同様の議論が成立するかは不明であること、(2)経済的利益が受けられなくなるような信託契約を公序良俗違反にするという構成で、信託受益権が直接的に遺留分減殺請求の対象となるかどうかには答えていないこと、(3)下級審判決であること等から、あくまで参考判例に過ぎないと考えます。

(注) この判決では不動産から発生する「経済的利益」の有無が結論を分けるポイントになっていますが、民法改正により遺留分侵害額請求として金銭債権に一本化され、最判当時の遺留分減殺請求のときのように「現物を受領した遺留分権利者が侵害された遺留分に相当する価値を享受できるか」という考慮が不要になりました。

（3）長期的な視点が求められる信託業務

　法律はあらゆる事例を想定して作られたものではありません。隙間や抜け道があるのはやむを得ないことなのです。しかしながら、それを利用して自らに有利な結果を導こうとすると、趣旨を逸脱した濫用と認定されることが多いのです。

　特に信託は長い期間で考えるべきスキームであるにも拘らず、実際には設定時のみ専門家が関わり、長い期間にわたってファミリーを「見守る」ことがなされていないケースが多いのが現実です。

　ファミリーから委託を受けた弁護士、税理士、司法書士等の専門家は信託の目的を再認識するとともに、スキーム組成には慎重な判断を行い、ファミリーを見守り寄り添うという役割を果たすことが求められます。

第6　ファミリービジネス特有の相続問題

　相続に関して、ファミリービジネスであるが故に問題となるという項目はそれほど多くありません。しばしば目にするのはオーナー社長個人の資産と法人が所有すべき資産を混同しているケースです。

1．事業用資産と個人資産の混同

　ファミリービジネスでしばしば見られるのは工場建物が会社所有、底地は社長個人所有でそれを賃借するというパターンです。社長が自社株、底地以外に十分な資産を持っていれば相続で困ることもないのですが、稼いだおカネはすべて事業につぎ込むというタイプの方も多く、相続発生時に分割すべき財産が株式、工場底地など会社関連のものだけになってしまうのです。

　このような問題は、相続が発生してから解決するのは困難です。社長の生前から長い時間をかけて、公私混同を解消するべく計画を策定して実行する必要があります。

2．オーナーからの借入金

　オーナーからの借入金は、オーナーの相続が発生すると額面で相続財産に加算されます。そこでオーナーの生前にデット・エクイティ・スワップ等により株式に転換し、株式評価の引下げ対策を講じることにより、相続財産軽減につながることがあります。

第7 ファミリービジネス（同族会社）特有の課税問題 ～○と○を合わせると×になる？

　ファミリービジネスはその多くが税法上の同族会社に該当し、同族会社の相続においては独特の課税関係が生じ、つまり個々の取引自体を取り上げると課税問題が生じるものではありませんが、それらを全体として見ると税務否認を受ける可能性が高いというものです。以下では①100%親子関係のもとでのグループ法人課税と「株式保有特定会社外し」を組み合わせる事例、②不動産路線価と実勢価格の乖離を用いた節税事例、③取引の当事者以外への「みなし贈与」課税が生じる事例を取り上げます。

①　趣旨の異なる制度を組み合わせて不当に評価額を引き下げる手法

　この手法は第2章第4．2（2）で紹介した「株式保有特定会社外し」の応用バージョンです。第2章のスキームは、上位会社（持株会社）は子会社株式以外に資産を保有し、株式保有特定会社に該当しないように資産割合をコントロールするというものでした。

　一方、この手法は(i)株式移転等によって100%関係の上位会社を設立する（この段階では株式保有特定会社に該当）、(ii)グループ法人税制を用いて不動産等の資産を上位会社に移動（その際グループ法人税制により移転にかかる課税が繰り延べられる）、(iii)その結果、株式保有特定会社の要件を外れることになり上位会社の評価額が大きく減少するというものです。

　しかし、株式保有適用会社の適用除外とグループ法人税制という趣旨を異にする制度を組み合わせることによって株式評価を意識的に下げようとするもので、課税上弊害ありとして税務否認を受けるリスクが高いと思われます。つまり、グループ法人税制による資産移転と株式保有特定会社の

要件を個々に見ると課税上問題はないのですが、全体としては各制度を合理的な理由なく濫用したものであって問題となりえるというケースです。

②　不動産路線価と実勢価格の乖離を用いた節税事例

　相続税の課税価格は、取得の時における「時価」によることとされます（相続税法22条）。

　不動産については、時価の算定基準として国税庁が定めた「財産評価基本通達」によって評価を行うのが原則とされています。

　ところが、評価通達に定められた路線価が実勢価格の8割程度であることから、高騰した不動産価格と相続税評価の乖離を用いた節税スキームが提案されてきました。

　近年特に問題とされたのは、相続開始に近接した時期に被相続人が多額の借入を行って高騰した土地を購入し、相続発生後の相続税申告に際して当該土地等の通達評価額と借入金額の差額（マイナスになる）を他の相続財産から減殺し、全体の課税価格を引き下げて相続税負担を回避するケースです。

　令和4年4月19日最高裁判決は、このようなケースで「総則6項」を適用し相続人側の敗訴が確定しました。総則6項とは、「この通達の定めによって評価することが著しく不適当と認められる財産の価額は、国税庁長官の指示を受けて評価する」という条項です。国税当局は、節税スキームを取り締まる手段としてこの総則6項を適用し、評価通達と異なる評価方法によって財産を評価し課税処分を行ってきました。ところが総則6項を適用した処分を巡っては「著しく不適当」との基準が明確でないことから、訴訟に至るケースが相次いできました。

　今回最高裁判決が出された事案は次のような内容です。

　被相続人は、90歳であった平成21年1月に銀行から6億3,000万円を借

り入れて、賃貸用不動産の甲不動産を 8 億3,700万円で購入。また、同年
12月にはさらに 4 億2,500万円を借り入れて、同じく賃貸用不動産の乙不
動産を 5 億5,000万円で購入しました。

　その後、被相続人は平成24年 6 月に94歳で死亡、共同相続人は両不動産
を通達評価額に基づく時価で評価しました。その結果、両不動産の課税価
格は約 3 億3,000万円となり、借入金債務総額約10億円との差額（約 6 億
6,000万円）が、他の相続財産から控除され、結果的に相続税の額はゼロ
になりました。

	甲不動産	乙不動産
購入価格	8 億3,700万円	5 億5,000万円
借入額	6 億3,000万円	4 億2,500万円
売却価格	売却せず	5 億1,500万円
通達評価額	約 2 億0,004万円	約 1 億3,366万円
鑑定評価額	7 億5,400万円	5 億1,900万円

　＊購入は相続開始の約 3 年 5 か月前（甲不動産）と約 2 年
　6 か月前（乙不動産）であり、売却は相続開始の約 9 か
　月後である（税務通信 No.3707　令和 4 年 6 月13日）。

　この事件は最高裁まで争われましたが、判決は「被相続人及び上告人ら
は、本件購入・借入れが近い将来発生することが予想される被相続人から
の相続において上告人らの相続税の負担を減じ又は免れさせるものである
ことを知り、かつ、これを期待して、あえて本件購入・借入れを企画して
実行したというのであるから、租税負担の軽減をも意図してこれを行った
ものと言える。　そうすると(中略)本件購入・借入れのような行為をせず、
又はすることのできない他の納税者と上告人との間に看過し難い不均衡を
生じさせ、実質的な租税負担の公平に反する…」と述べ、「本件不動産の
価格を評価通達による評価額を上回る価額によるとすることは平等原則に
違反するということはできない」として課税処分を適法としました（過去

の裁判事例では、相続直前に借り入れて相続開始後に当該不動産を売却するケースが主でしたが、本件では売却せず保有し続けている甲不動産についてまで否認が行われたことが話題になりました）。

このケースも、一つ一つの行為を通達文言に当てはめていくと納税者の主張どおり課税ゼロとなりそうですが、通達評価額と鑑定評価額の乖離が大きかったことに加え、相続発生直前に高額の借入、購入をするという不自然な取引で、節税目的が「見え見え」だったことが否認につながったと解されます。

③ 取引の当事者以外への「みなし贈与」課税が生じる事例

ある医療法人の時価を、税法上の時価純資産価格で評価すると200億円、類似業種比準価格で評価すると130億円となりました（類似業種比準価格は利益の影響を受け、この年はたまたま利益水準が低かった）。この状況のもと、出資持分の70％を保有する理事長から法人が類似業種比準価格で全持分を取得することを計画しました。

そこで某コンサルティング会社に相談したところ、時価純資産も類似業種比準もいずれも税法上の原則的評価方法であり、いずれを用いることも認められているから、類似業種比準価格で取引を行っても課税関係は生じないとのことでした。

たしかに法人税に関しては、純資産価格に満たない安い価格での取得であっても、その取引は資本等取引になるため、法人側に受贈益を認識する必要はありません。

しかし、税法上同族会社に該当する医療法人に純資産価格より低い価額の対価で財産の譲渡をすることにより、その病院の出資持分の一口当たり価額が増加することになるので、その増加した金額は他の残存出資者が財産を譲渡した理事長から贈与によって取得したものとして取り扱われます

（相続税法 9 条、相続税法基本通達 9 - 2 ）。

　この考え方を一般化すると、非上場株式を低額で発行法人に譲渡した場合、法人の自己株式取得は資本等取引になるため法人に受贈益を認識する必要はありませんが、同族会社に時価より低い価額の対価で財産の譲渡をしたことによりその会社の一株当たり価額が増加するので、その増加した金額が他の株主が財産を譲渡した株主から贈与によって取得したとの認定を受けるので注意が必要です。

　なお、これらのみなし贈与課税が生じるのは同族会社の場合であって、お互いがグルになっていると見られるケースに限られます（ですから、必ずみなし贈与の認定を受けるとは限りません）。

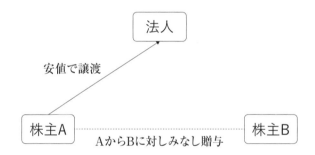

　以上のように、税に関しても信託の場合と同様に、「法の隙間」を狙ったスキームは税務否認を受けるリスクが高いと考えられます。租税法律主義の観点からは、税務法令の拡大解釈や類推解釈は許されないというのが原則です。しかしながら現実には当事者が予想もしなかった根拠規定をもって否認を受けるリスクがあるので、実務においては安心安全なスキームで臨むことが大切だと思われます。

第5章

ケーススタディ

1．ケーススタディ～老舗食材加工会社の事業承継

　当社は和風加工食品の製造販売を営む中堅企業です。今から120年を遡る頃、現社長の祖父が勤めていた卸問屋から暖簾分けを受けて創業、昭和30年代のインスタント食品ブームで急成長しました。同じころには東京に営業所を開設して販売網を拡充、全国区の食材メーカーとなって現在に至ります。会社の事業承継に関して、社長にインタビューする機会をいただきました。

問　会社の歴史を教えてほしい。

答　当社は私で四代目。私の祖父が大正時代に個人商店として創業した。その後、会社組織に変えたが、その際、番頭格のＡさんと祖父が50％ずつの出資とした。祖父の次の代は、私の父がまだ若手だったため、Ａさんが社長、父は代表権を持つ専務となった。Ａさんの後、三代目として私の父が社長に就任した。その次の代が四代目の私ということになる。

　実はＡさんのご子息も会社に入社していた。そこでＡさんのご子息と父との間で後継をめぐってトラブルになった。結局、この方の株式を買い取って過半数を獲得することができた。

　父の代は株式上場に向けて準備を進めていた。しかし株主の短期的な目線を気にしなければならないのは困るし、資金調達も特に必要ではなかった。結果的には、人材の問題、株式コスト等を考え、また、短期的利益志向が馴染めないのと資金調達が急務でないので今は株式上場は考えていない。

問　近時、事業承継というとM&Aが話題になるが、当社は他社との合併等は考えなかったのか。

答　ファンドからもM&A会社からもしょっちゅう連絡がある。しかしファンドのように会社をモノのように扱うところは好きではない。大手の

M&A 仲介会社からも「よそに売りたいという会社があるけど御社で買っ
てもらえませんか」と打診された。しかしなかなか厳しい。従業員を抱え
て本当の意味で先方の従業員が幸せになるのかと考えると頭が痛い。

問 従業員からの提案を受けてカレー味とわさび味の和風惣菜を試作
販売し、好評だったと聞く。

答 カレー味・わさび味の商品はとりあえず期間限定で作った。わさ
び味には違和感がなかったが、和の食材にカレー味というのは私を含め他
の社員からも「えぇー？？」という声が上がった。パッケージを見ても何
かつかみきれない。ところが食べてみると美味しかった。従来製品にとら
われずトライしてみるのは大事なことだと思った。

問 承継についての考え方を教えてほしい。

答 承継については、従業員300人ほどの企業だからやっぱりウチの家
業だと思っている。従業員の生活もあるので、このまま業績が悪くなって
いくのであれば経営者としては M&A で他社に吸収されることも考えざる
を得なくなる。しかし本当の意味でウチの従業員の幸せを他社が面倒みら
れるのか。私は、やっぱり会社が継続していくことが当社の従業員の幸せ
になると思う。

　当社も全国ベースでシェア No. 1 の商品があるということは、お客様が
ウチの商品を楽しみにしてくれているということ。そう思うと事業を続け
ていかなければならない。

問 社長の次世代についてはどうされるご予定か。

答 私の家は長男本人が家業を継ぐ気になってくれている。こっちか
らやれと言ったわけではないのに、MBA スクールに行ってやる気になっ

ている。能力は未知数だがやる気はあるので期待している。

問 株式買取では苦労されたか。

答 弁護士や税理士など複数の専門家に相談しながら慎重にやったので結果的に問題はなかったが、税務調査には相当時間がかかった。でも結局何も問題なかった。日頃からお世話になっている先生方なので、当方の意向をよく理解して下さり助かった。こういう複雑な問題では、専門家のアドバイスは欠かせない。

【このケースの indication】

中継ぎリリーフとしての従業員承継

中継ぎリリーフとして創業家以外の従業員（筆頭株の有力者）に一時的に経営を委ねることは、実際にもよく行われます（第2章第3．2（1）⑤）。しかし、これはあくまで暫定的な措置であり、ファミリービジネスの経営としては、経営をいつでも創業家に取り戻せる体制にしておくべきです。「情」としては共同経営してきた番頭格の役員に一時的にせよ経営を任せたいという気持ちは理解できますが、「理」としては将来に禍根を残すことになりがちであり、冷徹な判断が求められます。

他のファミリーと同数の株式を持つことの問題

複数のファミリーが株式を持つ例もしばしば見られます。しかしあくまで主従の差にはこだわるべきであり、創業家は定款変更等で求められる株主総会特別決議を通せるように議決権の3分の2を確保するよう努めるべきです（第4章第2）。

株式上場やM&Aについての考え方

株式上場については本インタビューで述べられているとおりです。

大規模資金調達の必要性、知名度・社会的信頼性向上などどうしても株式上場が必要となる場合を除き、ファミリー経営を維持する方が経営は「やりやすい」と考えます。本件食材会社や後に述べる中川政七商店のように、特に大規模資金調達が必要なく、会社の知名度が十分高く、人材採用等で苦労することが少なく、社会的信用も獲得できているといった場合に、株式上場にこだわる必要性は高くないと思われます。一方、新興の IT 企業のように社会的信頼、知名度、採用メリット等を求める会社が IPO に熱心なのは理解できます。

　なお、近時の新興企業 IPO が IT 系企業中心となっているのは、製造設備を持たずに利益を上げるには IT 系がフィットしやすいこと、社会的信用を得て高度な人材を採用するニーズが強いことがその背景にあると解されます。

　M&A についても本インタビューで触れられていますが、M&A 後の「融合」をいかにスムーズに進めるかが大きな課題となります（「Post Merger Integration」）。

トップダウンでなく従業員提案を吸い上げる仕組みの構築

　企業がある程度発展してくると、創業家のみのトップダウンのアイデアに頼るのは好ましくありません。従業員・現場からもボトムアップの意見を吸い上げ、それを試すシステムが有用となります。松下電器やサントリーの「やってみなはれ」の精神です。

マイナーチェンジ＆期間限定販売によるマーケット調査

　新商品マーケティングのために「期間限定品」として販売し、市場ニーズを試すことは有益です。大規模な製造工程・設備の変更を伴うのであれば市場調査から始め十分な準備を経ることが必須ですが、本件のようなマイナーチェンジの場合には小出しにする「期間限定品」の販売で十分だったと思われます。もっとも、これらの商品は創業120

周年記念ということで販売されたものなので、マーケット調査としての意味合いは小さかったのかもしれません。

後継者の選定と育成

　今日的な目で見ると、本ケースの後継者選定では初代→二代目と二代目→三代目の承継が難しかったようです。前述のとおり「情」と「理」のせめぎあいになる局面ですが、創業ファミリー支配を続けることが会社に安定をもたらすと考えられます。

　後継者がオーナー家の直系親族となることについて、会社支配の観点からは、どうして血統が正統性根拠となりうるのか必ずしも合理的な理由はわかりませんが、多くの人々が関わる「政治的」な場面では同意を得やすい形態です。このような原理は洋の東西を問わず妥当するものです。下記のマックス・ウェーバーの支配の類型の考え方も同様です（第2章第3．9）。

　ファミリービジネスにおいては、創業者のカリスマ、二代目の血統、三代目以降パブリック・カンパニー化すると長期間の競争を経て衆目の一致する者がルールに従って代表になるというパターンです（第2章第3．7）。

　後継者の育成に関し、現社長はご子息に後継ぎとなることを強制していないようです。ただ、ビジネススクールで経営を学んだあと家業に入ろうと考えるなど、やはり「親の背中を見て」育った後継者候補だという印象を受けます（第2章第2（1））。

長期間にわたる専門家の関与とその活用

　専門家の利用は、問題が発生した時にスポット的に依頼するのではなく、平時から中長期的に関与し、ビジネスやファミリーの全体像を把握したうえでのアドバイスを受けることが望まれます（第1章第1．5）。

（参考）

　ウェーバーによれば、支配が成立するためには、支配に服従する者が支配の正統性を認めることが条件となる。その正統性の根拠は、カリスマ、伝統、制定された規則の三つに帰着し、この三つの正統性根拠から理念型としての支配の三類型が導かれる。支配者個人に与えられた超自然的な資質（カリスマ）が正統性の信仰の源となる場合がカリスマ的支配、支配が古くからの伝統や慣習を背景に持ち、そうした歴史的由来への信仰が正統性の根拠となる場合が伝統的支配である。（丸山眞男『福沢諭吉の哲学』（岩波文庫）300頁、ウェーバー『職業としての政治』（岩波文庫）11頁参照）

２．ケーススタディ〜「一澤帆布」

（１）歴史

　帆布鞄の老舗「一澤帆布」も優に一編の小説になるような変転の歴史を経てきました。画家の古山浩一氏が同社の鞄にほれ込み、『鞄が欲しい』『カバンの達人』（いずれも枻出版社）という著書の中で同社の歴史や魅力を語っておられます。以下は主にこれらの書籍からの情報を基にしました（店主のセリフは書籍からそのまま引用）。

　初代の一澤喜兵衛は進取の気性に富んだ人で、神戸の居留地で見た西洋洗濯屋（クリーニング屋）を京都に開業します。これが1886年（明治19年）のことです。それから数年して洗濯屋の一角で最新鋭のミシンを買って帆布屋を始めました。といっても今とは異なり、ずっと薄い帆布で小さな手提げ袋などを作っていたようです。古山氏の著書によると、明治時代まで日本には鞄と言えるものはなく、風呂敷に包むか袋物の口に紐を通して絞れるようにしたものが使われていました。ところが一澤帆布は1891年（明治24年）には取っ手のついた現在のトートバックのようなものを作っていたということです。古山氏が三代目の信夫氏から聞いたところでは「取っ手を袋物に始めて付けたんは家の爺さんじゃ」というのです。喜兵衛はその後、西洋音楽にも着目します。「京都バンド」という楽団を作り、宣伝活動（ちんどんや）や映画の活弁の伴奏をしていたそうです。このように喜兵衛はベンチャー精神を持ったアントレプレナーだったことがわかりま

す。

　二代目の常次郎も面白い人で、若い頃には活弁の道に進もうとしましたが、それを断念し、実家に戻った後は本格的に帆布に取り組み、現在のような分厚い帆布を縫える新型ミシンを導入します。そして大正時代には薬屋、牛乳屋、大工、植木屋などの職人用道具鞄を製造して大繁盛しました。常次郎氏の代に現在の帆布製品のラインナップができたのです。

　第二次世界大戦が始まると帆布は軍の統制品となり、軍用の製品しか作れない暗い時代が続きました。

　戦後、三代目の信夫氏の時代には1956年の日本人マナスル登頂を機に登山ブームが起こり、リュックサックやアウトドア製品が大ヒットしました。さらに『an・an』や『家庭画報』などの女性向け雑誌が一澤帆布を取り上げたことがきっかけとなって、若い女性にもファン層を拡大していきました。

（2）経営の革新

　しかし一澤帆布の経営自体は旧態依然としたもので、職人は高齢化し、原料の帆布の生産そのものが化学繊維の台頭で激減するなど苦しい状況にありました。そこへ1980年になって信夫氏の三男の信三郎氏が新聞社を退社して家業に戻り、会社の体制を改めて若い人も気持ちよく働ける環境を作るとともに増産設備を整え、工場兼店舗を開設するなどして業績をのばしました。1988年には信三郎氏が四代目社長に就任。家業を継いだ当時わずか十数名の零細企業が社員70名を超える規模に成長し、色数や種類も増えて、帆布鞄を製造直売するショップとして広く世間に知られるまでになりました。

（3）相続トラブル～信夫氏の死去と2通の遺言書

2001年3月に店主だった信夫氏が亡くなって、顧問弁護士に預けていた遺言書が開封されました。その内容は信夫氏が保有する株式の67％を三男の信三郎氏夫妻に、33％を四男の喜久夫氏に、預金の大半を長男の信太郎氏に相続させるというものでした。ところが、それから4か月も経ってから、長男の信太郎氏が遺言書を預かっていると言って「第二の遺言書」を持ち出しました。この内容は信夫氏保有株式の80％を信太郎氏、20％を四男の喜久夫氏に相続させることになっていました。このとおりに相続すると、信太郎氏が経営権を獲得することになってしまいます。

民法の規定によると複数の遺言書の内容が互いに抵触している場合には、もっとも新しい遺言書の内容が有効となるので、「第二の遺言書」の内容が効力を持つことになります。

信三郎氏は「第二の遺言書」は偽造されたもので無効だと主張して訴訟を起こし、最高裁まで争われましたが、信三郎氏の主張は「無効と言える十分な証拠がない」として認められず、それまで一澤帆布の社長をしてきた信三郎氏は解任されてしましました。

古山氏の著書には「長男は銀行員やってますのや。まあ、あちらでええようにやってるようです。ここはコレ（信三郎さん）が戻ってきて継いでくれよったからよかったんですわ」という信夫氏の談話が書かれています。訴訟のルールと一般人の常識的な感覚がずれた印象を受ける判決です。

（4）営業一時休止と信三郎氏の独立

2006年に「一澤信三郎さんを応援する会」が発足。大徳寺真珠庵の山田宗正住職が代表となり義援金を募る活動が始まります。そして京都の政財界の有力者たちが相次いで信三郎氏側の支持を打ち出しました。また、会社の職人たちは全員が信三郎氏に付き「一澤信三郎帆布」を立ち上げて、

２つの一澤帆布が誕生する事態となりました。しかし信太郎氏が起こした店舗と工場の明け渡しを求める仮処分申請が裁判所で認められ、職人たちが退去したため一澤帆布は営業を一時休止せざるを得なくなります。

（5）信太郎氏・信三郎氏の訴訟と逆転判決

その後、当初の訴訟に参加していなかった信三郎氏の妻の恵美氏が、遺言書をめぐって再び訴訟を提起。こちらも最高裁まで争われ、第二の遺言書は無効で信三郎氏の取締役解任を取り消すという判決が確定しました。

再び古山氏の著書から恵美氏のコメントを引用します。

「私たちは一澤帆布という商標を取り戻すつもりはありません。それらを潔く捨てて、既に新しいブランドで再出発しています。それなのに敢えて諦めずに裁判に訴えたのは、悪いことをして、それが通ってしまう世の中ではいけないと思ったからです。」　　　　　　（『カバンの達人』）

【このケースの indication】

正しい遺言書作成の重要性

このケースは自筆証書遺言に起因するトラブルの典型例です。自筆証書遺言の制度がある程度整備されてきたとはいえ、実務的には公正証書遺言を作成するべきと考えます。高齢の経営者が「気が変わる」というのであれば、その際に新たな公正証書遺言を作成するのがトラブル防止の観点からは重要と思われます（第4章第1．2）。

代替わりによるイノベーション

あまり目立つイノベーションではないのですが、二代目、三代目に代替わりした際、時代に応じた改革を成し遂げています。四代目社長に就任した信三郎氏は全国区へと販路を伸ばした三代目を引き継ぎ、旧態然とした製造管理手法の近代化に貢献したと評価されます。これ

らの改革は後から見ると「やって当然」という印象で見られがちですが、実際に実行する際には先代の意を受けた重鎮社員が改革に二の足を踏み、なかなか進まないことがよくあります。ファミリービジネスで会社の事業承継を機に「若社長」が長老に屈せず改革を成功させた例が数多く見られます（第2章第2（3））。

地元への貢献と地元からの支え

　一澤帆布の内紛においては、地元京都に強固なファン層を持っていたことが大きな支えとなりました。兄弟間の争いの勝ち負けではなく、地元の「ファン」が加勢して新ブランド「一澤信三郎帆布」を確立したのです。ファミリービジネスと地元との結びつきを示す好例です（第1章第3．6）。

３．ケーススタディ〜「ユーハイム」

（1）第二次世界大戦前のユーハイム

　バウムクーヘンの老舗として全国に名を知られる「ユーハイム」の歴史は、1909年にドイツ人菓子職人カール・ユーハイム氏が青島にオープンした菓子・喫茶店から始まります。当時、青島はドイツ租借地でしたが、第一次世界大戦で日本軍が制圧、カール氏は捕虜として日本に連行されました。

　数年が経ち、捕虜生活から解放されたカール氏は1922年に横浜へ自身の店を開きます。ところが翌1923年の関東大震災で店は全壊、友人を頼って移り住んだ神戸で再び店を始めました。

　カール氏とエリーゼ夫人のユーハイム夫妻が営む神戸の店は大いに繁盛し、全国的な人気を博するまでになりました。

　この頃のユーハイムは谷崎潤一郎の『細雪』にも登場します。文化人た

ちが集うハイカラな店だったことが想像されます。

「けど、そのお婆ちゃん、帝政時代の露西亜の法学士で、偉いお婆ちゃんらしいねんわ。『わたし日本語下手ごぜえます、仏蘭西語独逸語話します』云うてはるわ」

「昔はお金持やってんやろな。幾つぐらいやのん、そのお婆ちゃん」

「さあ、もう六十幾つやろか。けどまだちょっとも耄碌してはれへん。とても元気やわ」

　それから二三日過ぎて、妙子は又その「お婆ちゃん」の逸話を持って帰って来て、姉たちを面白がらせた。妙子はその日、神戸の元町へ買い物に出た帰りにユーハイムでお茶を飲んでいると、そこへ「お婆ちゃん」がカタリナを連れて這入って来た。そして、これから新開地の聚楽館の屋上にあるスケート場へ行くのだと云って、あなたもお暇なら是非いらっしゃいと頻りに誘った。妙子はスケートは経験がなかったが、私達が教えて上げます、直きに覚えられますと云うし、そう云う運動競技には自信があるので、兎も角も一緒に行ってみた。

（谷崎潤一郎『細雪』上巻より）

堀辰雄の『旅の絵』も当時のユーハイムを美しく活写します。

「夕方、私たちは下町のユウハイムという古びた独逸菓子屋の、奥まった大きなストーブに体を温めながら、ほっと一息ついていた。其処には私たちの他に、もう一組、片隅の長椅子に独乙人らしい一対の男女が並んで凭りかかりながら、そうしてときどきお互の顔をしげしげと見合いながら、無言のまんま菓子を突っついているきりだった。その店の奥がこんなにもひっそりとしているのに引きかえ、店先きは、入れ代り立ち代りせわしそうに這入ってきては、どっさり菓子を買って、それから再びせわしそうに出てゆく、大部分は外人の客たちで、目まぐるしいくら

いであった。それも大抵五円とか十円とかいう金額らしいので、私は少
しばかり呆気にとられてその光景を見ていた。それほど、私はともする
と今夜がクリスマス・イヴであるのを忘れがちだったのだ。

　私はなんだかこのまんま、いつまでも、じっとストーブに温まってい
たかった。しかし私は旅行者である。何もしないで、こうしてじっとし
ていることも、後悔なしには、出来ないのである。

　やがて若い独乙人夫婦は、めいめい大きな包をかかえながら、この店
を出て行った。JUCHHEIM と金箔で横文字の描いてある硝子戸を押し
あけて、五六段ある石段を下りて行きながら、男がさあと蝙蝠傘をひら
くのが見えた。私は一瞬間、そとには雪でも降りだしているのではない
かしらと思った。ここにこうしてぼんやりストーブに温まっていると、
いかにもそんな感じがして来てならなかったが、静かに降りだしている
のは霧のような雨らしかった。」
　　　　　　　　　　　　　　　　　　　　　　（堀辰雄『旅の絵』より）

　しかしユーハイム夫妻の幸せな生活は長く続かず、第二次世界大戦勃発
後は戦局の悪化で原材料の入手が困難になり、営業も難しくなりました。
終戦の直前にはカール氏が死去。戦火とともに店は失せ、店員も四散しま
した。夫君を日本で葬ったエリーゼ夫人は連合国によって国外退去処分と
なり、寂しく故国に帰りました。

（2）戦後の復興～エリーゼ夫人の再来日

　しかし、ユーハイムは不死鳥のごとくよみがえったのです。1950年、旧
店員・職人が相集まって店を再興。1953年にはドイツからエリーゼ夫人を
社長に迎え、会社組織化して再出発したのです。その後一時経営が悪化し
た時にバターを納品していた河本春男氏の出資により再建。同氏は専務取
締役として経営に腕を奮うことになりました。

1964年、50周年記念事業の一つとして刊行された『ユーハイム物語』（1964年9月刊　非売品）の末尾は次の言葉で締めくくられます。

「ああ、押し寄せる万難をものともせず、

『デモ、私ハ立ッテイマス』

と、常に毅然たるエリーゼ夫人よ。ユーハイムよ。」

あとがきを寄せた専務の河本春男氏は「わたくしたちの幾多先輩たちが、ユーハイム夫人を中心に、たび重なる災害を克服して来たあゆみの跡、今日の地歩を築きあげた軌の跡をふりかえる時、いかに全国各地の方々のお支えが大きかったことに、改めて感謝の心の湧いて来るのを禁じ得ない。」と書かれました。

（3）エリーゼ夫人の死とその後の経営体制・経営理念

1971年、エリーゼ夫人は日本で死去。ユーハイム夫妻に後継ぎがいなかったこともあり、専務の河本春男氏が社長に就任します。その後、春男氏は1985年に長男の河本武氏に社長を譲り、2015年には現社長の河本英雄氏が社長に就任します。

英雄氏は1969年神戸市生まれ。大学卒業後、大手食品会社勤務を経て慶應義塾大大学院修了、1999年にユーハイム入社。それまで経験のなかった菓子作りを学ぶためフランス行きを命じられました。当時ユーハイムのフランスの店舗は業績が振るわず、英雄氏はフランスに渡ってすぐに閉店を覚悟しました。当時の社長に閉店を進言したところ大喧嘩になったということです。そこで店舗を1回だけ改装、3年で経営を立て直す目標を立てて役員会で決議されました。しかし結局は経営者の視点で閉店を決断しました。「日本人がパリの名店を閉めた」と大バッシングを受けたとのことです。

2022年2月17日と24日の日本経済新聞夕刊に英雄氏のインタビューが掲

載されました。そのいくつかを紹介します。

英雄氏は食品添加物に頼らない「純正自然」を社是として掲げています。
「（この社是は）祖父である先々代が1969年に宣言したものだったのです
が、私が入社後の2002年ごろ、ある百貨店の方から『ユーハイム』はひ
とつも添加物を使っていないのか』と言われたことがきっかけで一度は
取り下げたものです。」
「社内調査の結果、他社よりかなり少ないものの、少なからず使ってい
たことが分かりこのままではムリだとパンフレットからも消しました。」
「会社が大きくなるにつれ、品質の安定した商品を大量に作る必要がそ
れまではありました。そこから添加物をひとつ抜いては職人の技を取り
戻す取り組みを始めました。添加物を抜けば、一度に大量に作れず手間
はかかりますが、味は良くなっていきました。15年に社長になり先代に
何をやるかを問われ『純正自然の復活です』と答えました。」

（日本経済新聞2022年 2 月17日夕刊）

「新型コロナ禍は重大な決断の連続でした。 2 工場を閉鎖し、30店舗を
閉め、 4 か国から撤退し、商品数も 3 分の 2 に減らしました。商品を増
やすマルチブランド戦略と海外展開で会社は成長し、業績も上がってき
たのですが、取締役になって20年近くかけて増やしたものをこの 2 年で
ほとんど失いました。」

（同上）

いま新しい目標は？
「2016年に南アフリカを訪問する機会があり経営への考え方が変わりま
した。（中略）その時にふと思ったのが『お菓子で世界を平和にしてい
きたい』ということでした」

（同上）

「世界中の職人がつながれば、お菓子で世界を平和にできるかもしれません。新型コロナ禍では、あちこちに分断が生まれました。人間は集団で進歩していく生き物だと考えています。お菓子屋もどうしたらひとつになれるのか。テクノロジーの力で、今の苦境を乗り越えていくことができると確信しています。」　　　　　　（日本経済新聞2022年2月24日夕刊）

【このケースの indication】

理念・ブランドの承継と求心力

　　ユーハイム・ブランドは創業者カール・ユーハイム氏、後を継いだエリーゼ夫人が全国区的な人気を得て確固たるものになりました。谷崎潤一郎の『細雪』や堀辰雄などの大作家の著作に取り上げられるほどのブランドだったのですが、これは単にバウムクーヘンが物珍しく美味しかったというだけではなく、当時の日本人のドイツ製品に対する憧れにマッチしたのではないかと思われます。長沢（2022）によると、「購入するという選択、意思決定をする際に品質やブランドに対する安心感、満足感、ある種のストーリーやこれでなくては駄目なんだという納得性の高い理由がある」ことから、定番商品や長寿商品が売れ続けるのです。

　　また、同書は「ストーリーでブランドを伝える」という戦略を紹介しています。「事実（ファクト）よりも伝説（ストーリー）の方がずっと強く人の心を動かすメッセージとなりうる」というアメリカの経営学者の説です。本件「ユーハイム物語」はまさにこのストーリーに当たるのでしょう。

後継者への承継

　　ユーハイムは従業員承継が成功した稀有な例です。創業者カール・ユーハイム氏、エリーゼ夫人のあと、出資者兼役員だった河本家に支

配が移行しました。エリーゼ夫人の後継問題は実際には会社に危機をもたらすものでした。本文では記載を省略しましたが、夫人の再来日直前の1951年には退職した従業員が「ユーハイムコンフェクト」と称する同業会社を立ち上げ、法廷闘争にもなっています。そのような中、取引先だった春男氏がエリーゼ夫人に請われて経営に参画し、資金を拠出するとともに、エリーゼ夫人を「象徴」とする風土を作り上げたことが成功の一因だったと思われます。創業者の配偶者であったこと、ドイツ人であるにもかかわらず日本を愛し、日本に骨を埋める覚悟をしていたことなどユーハイム社の「象徴」としてのエリーゼ夫人の存在が大きかったと思われます（第2章第3．9）。

後継者教育

英雄氏に対する後継者教育はセオリーどおりの経過を辿りました。英雄氏が若い時に海外子会社の整理といった苦労をされたことが、他の従業員の信頼の基礎になったと思われます（第1章第3．3）。

社是の更新

ユーハイムの社是は春男氏が提唱した「純正自然」ですが、これに加え英雄氏は「お菓子で世界を平和に」というメッセージを掲げておられます。これは美味しいお菓子を口にした時の笑顔が平和をもたらすという夢を発信するものです（第1章第3．1）。

4．ケーススタディ～「中川政七商店」

（1）前史時代

中川政七商店は1716年に初代中屋喜兵衛が奈良晒を商う店として創業しました。奈良晒は手績み、手織りの麻織物で、麻を白くする晒の技術が優れていたことから重宝されました。徳川幕府から御用品指定を受けるなど

大いに繁盛したようです。

その後、近江や越後といった地方産地の技術力が上がってくると、原材料を東北や北関東から陸送していた奈良は価格競争に敗れ衰退に向かいました。さらに明治時代に入ると武士の袴という主たる用途がなくなり、奈良晒は大きな打撃を受けました。

しかしその中でも中川政七商店の九代当主は品質を守り続け、風呂上がりの汗取りや産着といった新しい用途を開拓し、1898年には宮内庁御用達の指定を受けました。

1925年にはパリ万国博覧会に出展、1929年には伊勢神宮に御用布を納めるという栄誉に与かっています。こうしてみると中川政七商店は順風満帆な成長を遂げてきたような印象を受けますが、その裏では不断のイノベーションが続けられてきました。

十代当主の政七は工場生産と歩合給という、当時としては革新的な手法を導入しました。それまで農閑期の女性の仕事だった麻織りの工場を建設して織子を雇うとともに、報酬を歩合制にすることによって競争原理が働き、生産性が大きく向上しました。

次の十一代当主は高度経済成長期を迎えた日本において、生産拠点を海外に移しながら、昔ながらの手績み、手織りの製法を伝えました。

十二代当主は馴染みのあった茶巾を足掛かりに、茶道具全般を扱う卸売業に参入しました。また、麻生地の雑貨と小物を扱う「遊 中川」を立ち上げました。

（2）十三代中川政七

① 直営店舗の展開

1974年生まれの中川淳氏は京都大学を卒業後、富士通に入社。2年後の2002年に家業である中川政七商店に移りました。当時不振だった麻生地の

雑貨を扱う事業部を任されて立て直しを図りました。その一つに卸売りから小売りへのシフトがあります。

　当時社長だった十二代社長は、固定費を払い店頭で在庫を持つ小売りは負担が大きく、そのためのシステムもないため製造小売りには反対されたそうです。しかし淳氏は、今は儲からないかもしれないがブランド認知には小売りが必要と考えていました。同氏の著書から引用します。

　「卸では中川政七商店の価値は絶対に伝えきれない。ブランドを構成する要素のうち、商品はせいぜい四割か五割で、残りは店の雰囲気やスタッフの接客などが占める。伝えるべきことを正しく伝え、ブランド力を高めるためには、顧客とのタッチポイントを増やして自らの手でそれを完全にコントロールする必要がある。その最も効果的な方法が直営店の展開なんだと説得した。（中略）店という消費者と直接コミュニケーションできる場を持てば、私たちが何者なのか、どんな思いでものづくりをして、それを使う人の毎日をどんなふうにしたいとかんがえているのかをさまざまな手段で伝えられる。その価値観や世界観に共鳴してくれる人が増えれば増えるほど中川政七商店のブランド力は高まる。…父は結局『好きにしろ』と言って任せてくれた。」

（『日本の工芸を元気にする！』東洋経済新報社）

　中川淳氏は衰退し続ける工芸業界に危機感を抱き、2007年に「日本の工芸を元気にする！」というビジョンを発表。翌2008年に社長に就任。直営店を次々に出店し新たなブランドを立ち上げ、事業は飛躍的に拡大。2016年、創業300周年を機に十三代中川政七を襲名しました。

②　株式上場の取り止め

　中川政七商店は2014年頃から株式上場に向けて準備をしてきました。上場を考えたのは、日本の工芸業界の代表として中川政七商店を輝かせ、それによって業界の進む道を明るく照らし出したい。上場はそのための最も

151

わかりやすい手段だったのです。

　ところが当社を取り巻く状況が変化してきました。優れた戦略で高い収益を上げている企業に贈られる「ポーター賞」の受賞が2015年に決まり、テレビやビジネス誌に取り上げられることが多くなりました。そしてメディアへの露出により伝統工芸の製造小売りというビジネスモデルが評価され、人材獲得のチャンスも拡大していきました。

　一方、上場するとコーポレートガバナンスコードなどに従って意思決定の過程を重視する「普通の経営」になってしまうことも懸念されました。淳氏は「中川政七商店の事業展開は、そのほとんどが私の思いつきから始まったことで、いろんな人の話を聞いたりリサーチしたりはするが、最後は自分で判断する。何を判断基準としているかと聞かれれば、最後はもう「勘」としか答えようがない。」と著書に書かれています。こうして上場申請の直前になって取り止めを決断しました。淳氏は次のように述べています。「優秀な人材を採用できるようになるメリットよりも普通の経営をせざるをえなくなるデメリットのほうが勝ると、最終的に私は判断した。この選択が正しかったのかどうか、現時点ではまだ結論は出ていない。」

③鹿猿狐ビルヂング～産業観光による奈良の活性化

　2021年4月、中川政七商店の本店が入る鹿猿狐ビルヂングが興福寺の五重塔を望む場所にオープンしました。奈良の工芸・特産品をベースにした生活雑貨の販売、織機で麻を織るワークショップ開催等に加え、飲食店がテナントで入り、奈良でのビジネスを育てるための空間を備えたビルです。名前の由来は、中川政七商店のロゴにある奈良の『鹿』、東京の猿田彦珈琲の『猿』、文明開化（＝化ける）の象徴すき焼きを看板メニューにした『きつね』からです。なぜ「日本の工芸を元気にする！」中川政七商店が飲食業なのか。再び当主の言によると、次のとおりです。

「これまで産地の一番星を作ることを掲げてやってきましたが、工芸の衰退スピードは予想以上に早く、追いつかない状態です。だからまず自分たちが産業観光によって人を呼び込み、産地全体を元気にするモデルケースを目指すことにしました。スモールビジネスを加速するための拠点が、この『鹿猿狐ビルヂング』です。街の空気を作る中で食は外せないと考えているのですが、僕たちは飲食業に関しては素人。そこでプロを呼ぼう、というのと、街を変えるには常識や既存の概念に捉われないという意味で、いわゆる「よそ者、若者、ばか者」は大きな起爆剤になると思ったので。僕達のビジョンに共感してくれる人、奈良で何ができるかを考えて、自由な発想で取り組んでくれる人柄にピンときたんです。」

(『あまから手帖』2021年7月号)

（3）十四代当主は一社員だった女性を抜擢

同族経営からの脱却。トップダウンからチームワークへ。

東京事務所の会議室で「次の社長をやってほしい」と突然告げられた時、後に十四代当主になる千石あや氏は「最初は大爆笑でした。ないないない。なんの冗談ですか。」

実は十三代は少し前から、上層部には社長交代を予告していたそうです。

「いい企業文化を育むにはトップダウンじゃなくて一人一人が戦闘能力を挙げる必要がある。それには俺が自分から離れんとダメやねん。」

「このまま私が断り続けたらどうするんですか。」

「こればっかりは納得するまで話し合うしかない。」

このとき千石氏は十三代が真剣であるとわかったそうです。

その節目に立ち、これからの中川政七商店の羅針を示した十四代の就任スピーチは次のように結ばれました。

「早くいきたいなら一人で、遠くへ行きたいならみんなで行けというアフリカのことわざがあります。今年、中川政七商店はより早く、より遠くへみんなで行くことを選びました。変わるからにはよく変わりましょう。私も覚悟を決めたからにはできる限り力を尽くそうと思います。今日のことをきっかけに自分が仕事に対して持っている覚悟はなんだろう、と考えてみるのもいいと思います。いい会社にしていきましょう。厳しくても、一人ではありません。」

(「中川政七商店の読みもの」https://story.nakagawa-masashichi.jp/66763)

【このケースの indication】

絶え間ないイノベーション（イノベーションは代替わりによって実現）

　中川政七商店の歩みを振り返ると、各代の当主がそれぞれ重要なイノベーションを成し遂げてきたことがわかります。十三代目中川淳氏がメディアへの登場等で注目されがちですが、彼の時代の成長の基礎となったのが、先立つ当主たちの改革です。

　十二代目は麻生地の雑貨と小物を扱う「遊 中川」を立ち上げ軌道に乗せるなど、新機軸を打ち出しました。しかし、本格的に小売業を行うことに対しては反対だったということです。このような現状維持志向は成功者なら誰でも陥るものです。つまり、ヒトは損失と利得が同程度なら損失の方を嫌います。この「損失回避性」の心理が「現状維持バイアス」につながります。現状を変えるということは、現状から良くなる可能性と悪くなる可能性がありますが、損失回避性の心理が働くと良くなる可能性よりも悪くなる可能性を避けたいということで、現状維持する志向が強まるのです（第2章第3．10（2）、長沢(2022)）。

ブランドの確立

　長沢（2022）によると、日本では今でも「お客様は神様」だから、「神様」であるお客様の意に沿うことが重視され、作り手はずっと無言で使い手に寄り添ってきた。「知る人ぞ知る」でいいという考え方だったといいます。一方、欧米ブランドは使う側が何を求めているか慮るまでに自分たちが何をつくりたいのか、なぜそれをつくるのかという、自分たちのものづくりの思想を知らしめることに注力しました。日本が古来より無私の精神を尊び寡黙であることが美徳とされてきたのに対し、欧米人は元来自己主張が強く、思いを言葉で表すこと、雄弁であることに価値を置いてきたことから、この姿勢の差は当然だと言えます。同書は「欧米ブランドは自分たちがつくりたいものをつくる。日本ブランドは使う人が喜ぶものをつくる」と要約しています。

　これを中川政七商店に当てはめると、十三代目は明らかに欧米的なブランド思考を持っていると言えるでしょう。

近代的マーケティング手法への反発

　再び長沢（2022）を引用すると、「ラグジュアリーブランドであり続けるためにはマーケティング活動を抑えるべきだと考えています。市場のニーズに合わせ、競合他社の商品を参考にしながら商品開発を行うと、どのブランドも類似した製品を生み出す結果になるからです。それはブランドの存在価値である『つくり手の強い意志の発現としてのものづくり』からはほど遠いものです。ラグジュアリーブランドであるためには『マーケットイン』ではなく『プロダクトアウト』のものづくり、あえて言うなら『独りよがりなものづくり』こそが、大切だと考えています。」。この主張は中川政七商店十三代目の言葉にそっくりです。

将来ビジョンの策定

「日本の工芸を元気にし、工芸大国日本をつくる」というのが十三代目中川淳氏が立てたビジョンです。

そのためのミッションは次の3つです。

① 中川政七商店が日本産地の一番星として輝く（ブランディング）

② 産地の一番星を数多く生み出す（経営コンサルティング）

③ 一番星を起点に産地を「さんち」化する（産業革命＋産業観光）

そしてゴールは「100年後に『工芸大国日本』になる」ということです（第1章第3．4および第2章第3．10（4））。

他業種とのコラボレーション

「鹿猿狐ビルヂング」という話題性のあるコラボによって観光客誘致を図り、奈良という産地全体を元気にするというアイデアです。他業種との協業によって直接的な利益向上につなげるのではなく、観光客増加を間に挟むという発想が斬新です。

さらに十三代目は志を同じくする全国の工芸メーカーを結集し、一番星メーカーたちが知恵を出し合い、互いに切磋琢磨しながら意識を高める構想を提唱しています。

同族外からのリーダー選出

十三代目は一時期「50歳引退宣言」をしていましたが、工芸大国日本の目途をつけるには時間が足りないのでこれを撤回しました。そして現役バリバリのまま社長交代を決断しました。中川政七商店は株式上場を真剣に検討していたこともあり、ファミリー経営へのこだわりは必ずしも強くなかったようです。それ以上にビジョン実現のために最善と考える手段を採ったのでしょう（第2章第3．7）。

5．ケーススタディ～「野田醤油」（現キッコーマン）の家憲

（1）沿革

　野田醤油株式会社は1917年12月に千葉県野田市、流山市の醸造家8家が合同して創立されました。創業家は茂木家（6家）、高梨家、堀切家から構成されましたが、各家は皆縁戚関係でつながった典型的なファミリービジネスです。

　茂木家は1662年に茂木七左衛門が味噌の醸造を始め、その後醤油専業になりました。高梨家は1661年に高梨兵左衛門が醤油醸造を始めたのが開祖です。堀切家は1766年に堀切紋次郎が酒、みりんの醸造を始めました。

　各家の創業年代からも明らかなように、野田醤油は設立当初から世代を重ねたファミリービジネスだったのです。野田醤油創業8家には

・創業8家から入社できるのは1世代1人（兄弟がいてもそのうち一人しか入れない）

・創業8家出身であっても役員にする保証はしない

・役員になっても社長になれる保証はない

という不文律があり、ファミリーのトラブルを避けて結束を固めてきました。同社は1920年代の激しい労働争議を乗り越え、1949年には株式上場を果たしています。

（2）創業家の家憲

　野田醤油が1940年に作成した『野田醤油株式會社二十年史』には茂木家、高梨家、堀切家の家憲が記載されています。

茂木家

一．徳義は本なり財は末なり本末を忘るる勿れ

一．家内の和合を心掛く可し

一．騎奢を慎み質素勤儉の美徳を発揮せよ

一．家業外の事業に手を出す勿れ

一．損せざるを以て大なる儲けと知る可し

一．競争は進歩の主因たる可きも極端にして悖理なる競争は之を避けよ

一．衛生を旨とし食事は麦飯に汁一椀たる可し　但し使用人と同一品に
　　限る

一．規律を厳にし使用人を優遇す可し

一．私費を省きて之を公共事業に捐出せよ　然れども身代不相応の事を
　　為す可からず

一．各自蓄財思想を養成し不時の場合に備ふ可し

一．一年に二回親族会を開く可し　此際富の程度に依って人を上下する
　　勿れ　貴ぶ可きは人格に在り

高梨家

一．親子兄弟夫婦を始め諸親類に親しく下人等に至る迄是を憐むべし
　　主人ある輩は各其奉公に精を出すべき事

一．家業を専らとし怠る事なく萬事其分限に過ぐべからざる事

一．偽をなし又は無理を言懸けるなど人の害に可成ことをすべからざる事

一．博奕之類一切禁制之事
　　　　今日勤めねばならぬ大事
学業を出精して不実なく私のことに金銀をつかふ事なければ不貧して危
からず人を愛して憐み深ければ色に溺れず人を不捨人を救ひあなどらね
ば怒ることなく人に捨てられず

堀切家

一．つとめて慈善を施し國の為に盡すべし

一．味淋醸造の業は代々吾が家業として子孫に傳え其功を遂ぐるを期せ
　　よ

一．品質優等の味淋を醸造し薄利を以て賣捌けよ

一．忍耐は幸福を生み業を盛ならしめ家を富まさしむ　宜く心に銘して
　　忘るる勿れ

一．投機事業に指を染むる勿れ　額に汗して得たる者に非ざれば眞の財
　　産と稱するに足らず

一．雇人は事業上の功労者なり　宜しく之を家族視し優遇を加ふべし

一．常に勤儉の美徳を守り怠慢驕奢の悪風を避けよ

　　　　　　　　　　覚

一．御公儀様御法度之儀堅く相守申候事

一．親類朋友に親み睦敷可致候事

一．貧賤又は奉公人に至る慈愛すべし

一．火の用心大切に可致事

一．百姓は菜種切らすな公事（筆者注：訴訟のこと）するなと申すたと
　　へ忘る可からず

　　　右の外は常々申教え候通り相心得申候事

　　　未七十五歳　初代堀切紋次郎

　茂木家の「家業外の事業に手を広げない」というのは、一昔前の経営学で流行った無関連多角化の多くが失敗に終わったことを見ても貴重な教訓です。「競争は発展の基礎だが極端な競争は避ける」のは資本主義経済発展の根幹を示しています。「公共事業への貢献」は企業の社会的責任を先取りしており、ファミリー会議開催も Ward が強調しているところです。「御公儀様御法度之儀」は法令遵守・コンプライアンスです。また、三家とも使用人、雇用人を大切にすべきことを説きますが、これはビジネス・

ファーストの思想に合致します。もっとも野田醤油の労働争議の苛烈さは、この原則の「言うは易く行うは難し」い現実を示していると考えます。

　いずれにせよ、江戸時代に策定された300年企業の「不文律」や「家憲」が現在においても色褪せていないのは驚くべき事実です。

【このケースの indication】

価値観・不文律・家憲の重要性

　本書との関連は以下のとおりです。

・家憲・家訓の重要性（第2章第3．10（3）（イ）「ファミリーの価値観が持つ力」）

・家族会議（第1章第1．4「ファミリーの進化とビジネスの進化」）

・企業の社会貢献（第1章第3．6「ファミリーの市民活動、政治活動、慈善活動」）

・使用人の重視（第2章第3．7「第三世代以降の株式・報酬の在り方」）

あ　と　が　き

　3年以上にわたった執筆プロジェクトが完成しました。

　この共同研究が始まったきっかけは、何かの折に大阪弁護士会の今川忠会長（当時）に「ファミリービジネスを取り上げたい」と話したところ、「ファミリービジネスの一生に『横串をさすように』して下さい」と言われたことでした。これは私にはとても難しい課題で、いろいろ考えた末、「巻頭言」にもあるようにファミリービジネスの底に脈々と流れるもの、例としてはバロック音楽のパッサカリアのようなスタイル―さまざまなメロディーが現われるが、その下では同じ形の通奏低音が繰り返される―に着目することに思い至りました。つまり、ファミリーの理念、ファミリーとビジネスの調和、外部者との関わり方など普遍性あるテーマが繰り返し継続して現われるということです。今川先生、実に的確なアドバイスを本当にありがとうございました。

　次に、材料をどうするか。その頃たまたま見かけたノースウェスタン大学 John. L.Ward 教授の名前で検索し、『Family Business Governance』を購入しました。幸運なことにこれが滅法面白い。そこで2020年5月の連休、コロナ禍で外出を控えている間に全文の仮訳を作り、研究会で報告しました。するとメンバーから賛同を得られたのは良かったのですが、同時に質問・異論・反論の嵐。それに答えるために次々とアメリカの書籍を購入して紹介し、法制度や文化・慣行が異なる中で日本への当てはめができるのか等、延々と議論しました。こうした激しい応酬の結果、ようやくまとまったのが本書です。

　私個人としても、久しぶりに何冊もの外国文献を読み、大変勉強になりました。読者の皆様におかれましても、本書の内容にとどまらず引用した文献等広く渉猟され、ファミリービジネスの発展に役立てていただければこれに勝る喜びはありません。

　最後に、この共同作業の母体となる大阪弁護士会中小企業法律センターと日本公認会計士協会近畿会とのご縁を作って下さった弁護士の比嘉廉丈先生と安若多加志先生に感謝の気持ちを述べさせていただき、筆を擱きます。

2023年3月

公認会計士　安原　徹

執 筆 者 一 覧

〈大阪弁護士会〉(50音順)

上　田　　憲

木　原　恵　子

小　林　寛　治

阪　口　博　教

下　尾　　裕

鈴　木　　章　(公認会計士)

中　村　真　二　(中小企業診断士)

平　松　亜矢子

山　川　良　知

〈日本公認会計士協会近畿会〉(50音順)

桂　真　理　子

関　　美　緒

田　中　久美子

常　田　英　貴

安　井　聖　美

安　原　　徹

吉　田　恭　子

ファミリービジネスは日本を救う
―中小企業の運営・承継における理論と実務―

2023年4月20日　発行

著　者　　大阪弁護士会・日本公認会計士協会近畿会
　　　　　ファミリービジネス研究会 Ⓒ

発行者　　小泉　定裕

発行所　　株式会社 清文社　　東京都文京区小石川1丁目3-25（小石川大国ビル）
　　　　　　　　　　　　　　〒112-0002　電話 03(4332)1375　FAX 03(4332)1376
　　　　　　　　　　　　　　大阪市北区天神橋2丁目北2-6（大和南森町ビル）
　　　　　　　　　　　　　　〒530-0041　電話 06(6135)4050　FAX 06(6135)4059
　　　　　　　　　　　　　　URL https://www.skattsei.co.jp/

印刷：亜細亜印刷㈱

ISBN978-4-433-74493-9